FACKELTRÄGER VERLAG

HEINZ ERHARDT

Besinnliches mit Sinn und Unsinn

Fackelträger-Verlag

Die Deutsche Bibliothek – CIP-Einheitsaufnahme
Erhardt, Heinz:
Besinnliches mit Sinn und Unsinn / Heinz Erhardt. – Hannover :
Fackelträger-Verl., 1997
ISBN 3-7716-2510-6

Gestaltung und Satz: Winneberger & Haacker, Hamburg
Belichtung: Satz Repro Grafik GmbH, Leipzig
Druck und Bindearbeiten:
Westermann Druck Zwickau

ISBN 3-7716-2510-6

Wer sich selbst auf den Arm nimmt, erspart anderen die Arbeit.

»Warum machst du in Gedichten?«
fragte mich ein Menschenkind.
»Warum schreibst du nicht Geschichten,
die doch leicht verkäuflich sind?«
Oh, ich habe meine Gründe
für mein Tun – und sprach verträumt:
»Weil ich es viel schöner finde,
wenn sich hinten alles reimt«.

Wahrheit

Die schlechtesten Bücher sind es nicht,
an denen Würmer nagen,
die schlechtesten Nasen sind es nicht,
die eine Brille tragen.
Die schlechtesten Menschen sind es nicht,
die dir die Wahrheit sagen.

Humor

Glücklich ist der Mensch zu preisen, der – angetan mit einem Regenmantel – durch den strömenden Regen geht und das Gefühl hat, durch meinen Mantel geht nichts durch. Dieser Mensch hat Humor! Humor ist nichts anderes als ein undurchlässiger Regenmantel, und es ist nur bedauerlich, daß Regenmäntel immer so verregnet aussehen.

Humor kommt von humus, ohne den bekanntlich nichts gedeihen kann. Aus humus ist dann homo entstanden, und der liebe Gott muß damals viel Humor gehabt haben, als er den homo sapiens schuf. Denn gibt es etwas Komischeres als den Menschen?

Aus einiger Entfernung sieht der Mensch manchmal wie ein richtiger Mensch aus. Aber während das Weihnachtsfest zum Beispiel uns immer näher kommt, kommen sich die Menschen niemals richtig näher. Sie haben Angst voreinander. Ist das nicht komisch?

Dichter

Es soll manchen Dichter geben,
der muß dichten, um zu leben.
Ist das immer so? Mitnichten,
manche leben, um zu dichten.

Zu wenig

Ich kenne keine Beine,
die schöner wärn als deine,
deshalb bedaure ich es fast,
daß du nur zweie hast…

Frauen sind die Juwelen der Schöpfung.
Man muß sie mit Fassung tragen.

Die Starlets

Jetzt weiß ich endlich auch,
wieso sie Köpfe haben! – Soll ich's sagen?
Sie brauchen dann das viele Stroh
nicht in der Hand zu tragen!

Es lohnt sich nicht, sich an einen Strohhut zu klammern.

Die Modistin

Sie zeigt das Neuste der Saison…
Da plötzlich stolpert sie beim Schreiten,
und lächelnd spricht sie: »O pardon,
ich habe Absatzschwierigkeiten!«

Ein Standpunkt

Wenn du mit vieler Mühe auf einen Berg gekraxelt bist, so merkst du erst da oben, wie schön es unten ist. Doch hab' es nicht zu eilig mit dem Hinuntergehn; es gibt nämlich nichts Schönres, als Überdendingenstehn.

Liebschaften sind wie Pilzgerichte,
ob sie ungefährlich waren, weiß man erst später

Frau Wirtin

Frau Wirtin hatte einen Tänza,
den kriegte, ach, die Influenza
in ihre bösen Fänge.
Nun lag mit vierzig er im Bett –
na, das war ein Gedränge…!

Unterschied

Wollen wir doch einmal dieses Thema streifen:
Autoräder sind von Reifen –
Lehrer aber, die zu lehren sich bestreben,
sind von Unreifen umgeben!

Das Lernen macht stets dann Verdruß
wenn man's nicht will, es aber muß.

Noch 'n Unterschied

Wir fuhren einst zusammen
tagtäglich mit der »Zehn«,
jetzt fahren wir zusammen,
wenn wir uns wiedersehn!

Sandmännchen

Die Straße, in der ich wohne, heißt Sackgasse. Die Gasse heißt so, weil sie immer tiefer und tiefer wegsackt! Sie besteht hauptsächlich aus Löchern, weshalb man sie schalkhaft auch »Schweizer-Käse-Gasse« nennt.

Ist man ohne Achsen- oder Beinbruch bis zum 17. Loch vorgedrungen, so beginnt dort das Anwesen, auf dem ich mein Unwesen treibe.

Das Grundstück ist nicht groß, aber es reicht – mir und bis zum 24. Loch.

Allein, das muß zur Ehre der Stadtväter gesagt werden: bei Tage wirkt meine Sackgasse löcherlich – nachts liegt sie in völliger Finsternis da. Es sei denn, daß der Mond schon scheint, und er nicht seinen Mondschein schont!

Neulich – ich dachte ich sehe schief – erschienen doch tatsächlich zwei Männer mit einem Spaten und einem Häufchen Sand! Sie besahen sich zuerst die Straße, dann jedes einzelne Loch und dann frühstückten sie im Angesicht ihres Schweißes. Schließlich ergriffen sie den Spaten – und mit ihm die Flucht.

Mit dem zurückgelassenen Sand sollten sie uns wahrscheinlich nur Sand in die Augen streuen – diese Sandmännchen…!

Gute Nacht!

Ich hatte großes Glück bei Frau'n
Ja – mir gefiel fast jede.
Man sieht hieraus, wie alt ich bin,
weil ich gern darüber rede.

Wenn einer viele Frau'n sich nahm,
so nennt man sowas »polygam«,
genügt ihm aber eine schon,
nennt man den Zustand »monoton«.

Zellen

Das Leben kommt auf alle Fälle
aus einer Zelle.
Doch manchmal endet's auch – bei Strolchen! –
in einer solchen.

Die Nase

Wenngleich die Nas, ob spitz, ob platt,
zwei Flügel – Nasenflügel – hat,
so hält sie doch nicht viel vom Fliegen;
das Laufen scheint ihr mehr zu liegen.

Die Augen

Die Augen sind nicht nur zum Sehen,
sind auch zum Singen eingericht' –
wie soll man es denn sonst verstehen,
wenn man von Augenliedern spricht?

Fernsehen

Damit man sähe, was man höre,
erfand Herr Braun die Braunsche Röhre.

Wir wär'n Herrn Braun noch mehr verbunden,
hätt' er was anderes erfunden.

Sehnsucht

Ich sehne mich nach einem Häuschen
in Bayern oder an der Spree,
ein Zimmer braucht es nur zu haben,
dazu ein Bad und ein W. C.
Im Zimmer würde ich notieren,
was ich beim Baden grad gedichtet,
und im W. C. würd' dann das Machwerk
von mir gleich hinterrücks vernichtet.

Das Menschen Leben gleicht der Brille
man macht viel durch

g

An einen von vielen

Als du noch warst, wollt man nichts geben.
Kaum warst du tot, ließ man dich leben!

So ist's! – Den höchsten Ruhm erworben
hat man erst dann, ist man gestorben.

Drei Bilder

Zwei Bilder hängen, ach, an meiner Wand.
Das eine ist als »Eremit« bekannt,
das andere hingegen
zeigt eine Landschaft nach dem Regen.
Das dritte Bild ist nicht zu sehn,
doch trotzdem ist es wunderschön,
nie würd' ich den Verlust verschmerzen:
das dritte Bild trag' ich im Herzen!

Der Fels

Wenn dir ein Fels vom Herzen fällt,
so fällt er auf den Fuß dir prompt!
So ist es nun mal auf der Welt:
ein Kummer geht, ein Kummer kommt…

Viele Menschen haben sich ihre eingebrockte Suppe selbst zuzuschreiben.

Es ist nicht alles Gold, was glänzt

Oft glänzt der Himmel strahlendblau,
und oft glänzt eine Hose,
oft glänzt die Nase einer Frau
vor dem Gebrauch der Puderdose.
Durch Abwesenheit glänzt das Glück!
Durchs Bohnern glänzt die Diele –
man rutscht drauf aus und bricht's Genick!
(Zu großer Glanz ist nichts für viele!)

Ich finde solche, die von ihrem Geld erzählen
und solche, die mit ihrem Geiste protzen
und solche, die erst beten und dann stehlen,
ich finde solche, Sie verzeihn, zum Kotzen.

Manche Hab- und Gutseligkeiten
sind nur ein Tropfen auf den hohlen Zahn.

Erfreulich

Es ist gewiß viel Schönes dran
am Element, dem nassen,
weil man das Wasser trinken kann!
Man kann's aber auch lassen –

Man nehme

Seit frühster Kindheit, wo man froh lacht,
verfolgt mich dieser Ausspruch magisch:
Man nehme ernst nur das, was froh macht,
das Ernste aber niemals tragisch!

*Pessimisten sind Leute,
die mit der Sonnenbrille
in die Zukunft schauen.*

Abendfrieden

Die Oma murmelt leise vor sich her –
sie spricht mit Opa, doch den gibt's nicht mehr…
Im Bettchen nebenan schläft süß das Kind…
Die Mutter strickt… Der Vater spinnt…

In eigner Sache

Ich häng oft den Gedanken nach,
die teilweis stürmisch, teils gemach
die Gänge meines Hirns erfüllen.
Doch denken kann ich nur im stillen.

Im Wald zum Beispiel! Zwischen Bäumen,
dort kann ich dichten, kann ich träumen.
In Gegenwart von Baum und Tier,
da kommen die Gedanken mir.

Allein, inmitten jener Wesen,
die schreiben können und auch lesen,
die lieben könnten, doch nur hassen,
fällt mir nichts ein, da muß ich passen!

Bei manchen Menschen
geht alles schnell zum
einen Ohr rein und
zum anderen raus –
die haben auch nicht
viel dazwischen

Das Gewitter

Der Mond verbirgt sein bleiches Licht,
die Sterne am Himmel, sie funkeln nicht.
Die Nacht ist schwül.
Im Herzen wird bang.
Der Uhu krächzt einen Totengesang.

Da – bricht's aus schwarzer Nacht hervor,
als wäre geöffnet der Hölle Tor,
als ständen die Säulen des Erdballs in Flammen,
als stürze das ganze Weltall zusammen,
und aus der Wolken feuchtem Schoß
der Regen in Strömen sich ringsum ergoß,
als wollten des Wassers wilde Gewalten
das Land zum unendlichen Meere gestalten.

Und wie es so stürmet und brandet und kracht,
da, eine Jungfrau tritt hinaus in die Nacht
und ruft in die tosenden Winde hinaus:
»Na, das ist ein Dreckwetter, da bleib' ich zu Haus.«

Das Dings

Mitten in Ägyptens Wüste
steht ein riesengroßes Dings,
hinten Löwe, vorne Dame,
jeder weiß: das ist die Sphinx.

Sehnsuchtsvoll in Richtung Westen
schaut sie steinernen Gesichts.
Würde sie nach Osten gucken,
wär's egal: auch da ist nichts...

Manche Frauen sind wie Löschpapier;
Sie nehmen alles in sich auf
und geben es anschließend verkehrt wieder.

Das Konzert

Frau Fauna und Frau Flora
spieln am Pianoforte
vierhändig und nach Noten
»Lieder ohne Worte«.

Frau Fauna hat die Melodie.
Frau Flora rankt sich drumherum.
Der Mensch hört zu und applaudiert.
Und Gott blättert die Seiten um.

Die Lore

Die Lore fuhr ums Morgenrot
hinab zu ihrer Sohle.
Nach kurzer Zeit kam sie zurück
bis obenhin mit Kohle.

Und gleich drauf fuhr sie wieder los
und holte neue Ware.
Das machte sie tagein, tagaus
und nachts und viele Jahre – – –

Nun ruht sie aus, nach vorn gekippt;
zu Ende ist die Reise.
Fragt nicht nach Dank, nicht nach Gewinn,
sie rostet langsam vor sich hin
auf einem toten Gleise…

Schicksal

Er war ein großer General
und außerdem einsachtzig,
und kam's zum Kampf, und er befahl,
dann wendete die Schlacht sich.

Er stürmte immer vorneweg,
selbst gegen schwerste Panzer,
und oft lag er im selben Dreck
wie nebenan der Landser.

Er hat in Afrika geschwitzt,
in Norwegen gefroren.
Er hat dem Feind den Sieg stibitzt,
den Krieg jedoch verloren. –

Er war ein großer General!
Sein Ruhm ging in die Binsen; man kennt
ihn heute nicht einmal
dort, wo er wohnt: in Winsen.

Solange es Haare gibt,
liegen sich die Menschen in denselben.

Schüchternheit

Als Kind – zu meiner Eltern Leid –
litt ich an großer Schüchternheit.
Als Gymnasiast dann – farbumbändert –
hatte sich darin nichts geändert.
Auch nach dem ersten Kuß – mit Ellen –
war keine Beßrung festzustellen.
Im Alter erst – beim Kampf ums Leben –
hat sich die Schüchternheit gegeben!

Doch weiß ich: tritt der Tod herein
und spricht zu mir: »Komm mit, mein Sohn!«
und führt mich vor des Höchsten Thron,
werd ich wieder ganz schüchtern sein –

Langes Wochenende

Nicht alle, aber viele streben
danach, nach Gottes Wort zu leben.

Man geht zur Kirche, liest die Bibel
und weiß dadurch, was gut, was übel,
und ist bemüht von ganzem Herzen,
die Sünde restlos auszumerzen.

Doch ein Gebot, trotz Buß und Beten,
hat man schon öfter übertreten,
und dies Gebot, das man verletzt,
heißt so – von Luther übersetzt –:

»Sechs Tage lang sollst du was tun,
am siebten aber sollst du ruhn!«,

doch nie und nirgends wird gesprochen
von unseren Fünf-Tage-Wochen! –

Ob dadurch nun, mein lieber Christ,
das lange Weekend Sünde ist?

Ein Trauertag

Hunderttausend Menschen strömen
auf die Friedhöfe der Städte.
Die Gedanken gehn nach unten
und nach oben die Gebete.

Vater Staat hat uns befohlen,
heut der Toten zu gedenken –
ihnen Kränze oder Blumen
oder Tränen gar zu schenken!

Vater Staat mischt sich in alles,
selbst in die intimsten Dinge –
als ob der, der wirklich trauert,
nicht auch so zum Friedhof ginge…

Schule

Die Schule ist, das weiß man ja,
in erster Linie dazu da,
den Guten wie den Bösewichtern
den Lehrstoff quasi einzutrichtern;
allein – so ist's nun mal hienieden:
die Geistesgaben sind verschieden.

Mit Löffeln, ja, sogar mit Gabeln
frißt Kai die englischen Vokabeln;
Karl-Heinz hat aber erst nach Stunden
die Wurzel aus der Vier gefunden.

Und doch! Karl-Heinz, als dumm verschrien,
wird Chef – und man bewundert ihn,
und Kai, in Uniform gezwängt,
steht an der Drehtür und empfängt
und braucht in Englisch höchstens dies:
»Good morning, Sir!« und manchmal: »Please!«

Hieraus ersieht der Dümmste klar,
daß der, der »dümmer«, klüger war!

Ich habe die Muttersprache
mit den Kindesbeinen eingesogen.

In der Schule drüben

»Sagt mir, ihr lieben Jungs, geschwind,
wer wohl die beiden Großen sind,
die denen, die reich und bezopft,
erfolgreich auf den Busch geklopft?
Die man seit vorigem Jahrhundert
studiert, versteht, liebt und bewundert?
Die wir durch Wort und Bilder kennen?
Wie mögen sich die beiden nennen?! «

???? – – – ????

»Ihr wißt es nicht, ihr dummen Bengels?
Die Beiden heißen MARX und – – –?!?«
Da meldete sich Hänschen Klein:
»Das könn'n nur Marx und Moritz sein!?!«

Feste

Der Karpfen kocht, der Truthahn brät,
man sitzt im engsten Kreise
und singt vereint den ersten Vers
manch wohlvertrauter Weise.
Zum Beispiel »O, du fröhliche«,
vom »Baum mit grünen Blättern« –
und aus so manchem Augenpaar
sieht man die Träne klettern.
Die Traurigkeit am Weihnachtsbaum
ist völlig unverständlich:
Man sollte lachen, fröhlich sein,
denn ER erschien doch endlich!

Zu Ostern – da wird jubiliert,
manch buntes Ei erworben!
Da lacht man gern – dabei ist ER
erst vorgestern gestorben…

Nächstenliebe

Die Nächstenliebe leugnet keiner,
doch ist sie oft nur leerer Wahn,
das merkst am besten du in einer
stark überfüllten Straßenbahn.
Du wirst geschoben und mußt schieben,
der Strom der Menge reißt dich mit.
Wie kannst du da den Nächsten lieben,
wenn er dir auf die Füße tritt?!

Ich könnte manchmal vor Glück
eine ganze Allee von Purzelbäumen schlagen.

Depressionen

Vorvorgestern war ich fröhlich,
vorgestern hat sich's gegeben,
gestern schlug ich Purzelbäume,
heute will ich nicht mehr leben.

Solch ein Zustand ist entsetzlich
mich und meine Umwelt quäl ich;
doch er dauert nicht sehr lange:
morgen bin ich wieder fröhlich!

Ein Weihnachtslied

Es ist Weihnachten geworden.
Kalter Wind bläst aus dem Norden
und hat Eis und Schnee gebracht.

Doch am Weihnachtsbaum die Kerzen,
die erwärmen unsre Herzen,
und des Kindes Auge lacht.

Und man sieht auf den verschneiten
Straßen weiße Engel schreiten
durch die stille, heil'ge Nacht.

Rolf und Heinz I

Rolf:	Wo waren Sie denn?
Heinz:	Auf dem Mond!
Rolf:	Wo waren Sie?
Heinz:	Auf dem Mond!
Rolf:	So, so!
Heinz:	Ja, ja!
Rolf:	Waren Sie ganz allein da oben?
Heinz:	I wo. Ich habe dort eine Menge bekannter Gesichter getroffen!
Rolf:	Wen denn zum Beispiel?
Heinz:	Eine Menge Politiker!
Rolf:	Aber das ist doch nicht möglich?
Heinz:	Warum? – Die meisten von Ihnen leben doch heute auf dem Mond…!

Rolf und Heinz II

Rolf: Ach, das hätte ich fast vergessen: dieses Telegramm wurde für Sie abgegeben!

Heinz: Nun, dann will ich es schnell lesen! (liest) Gratuliere, gesunder Stammhalter angekommen!

Rolf: Herzlichen Glückwunsch! Sie können es natürlich nun nicht erwarten, den Jungen zu sehen!

Heinz: Das auch – aber vor allem will ich den Vater kennenlernen!!!

Rolf und Heinz III

Rolf:	Ist es wahr, daß Sie neulich in Monte Carlo 100 000 Franc gewonnen haben?
Heinz:	Ja, das stimmt!
Rolf:	Da gratuliere ich aber!
Heinz:	Danke! Nur es war nicht in Monte Carlo, sondern in Travemünde! Und dann waren es auch nicht 100 000 Franc, sondern 100 Mark!
Rolf:	Na, das ist aber auch ganz schön!
Heinz:	Das finde ich aber auch! Und dann habe ich sie nicht gewonnen, sondern verloren. Aber sonst stimmt's!!!

Rolf und Heinz IV

Heinz: Wie geht es eigentlich Ihrer Frau?

Rolf: Danke! Und Ihrer?

Heinz: Meiner auch!

Rolf: Das freut mich – und besonders meine Frau wird sich freuen!

Heinz: Wenn Sie erst wüßten, wie es mich und meine Frau freut, daß es Sie und Ihre Frau freut!

Rolf: Das freut mich!

Heinz: Mich auch!

Wenn eine Frau die Wahl
zwischen Liebe und Geld hat,
entscheidet Sie sich für beides.

Harte Schicksale

Wer sich mal in die Nesseln setzt,
ist erst erschrocken, dann verletzt,
erhebt sich mühevoll und schreit
nach beßrer Sitzgelegenheit.

Den Nesseln, auch wenn sie schön blühn,
sind weiche Stühle vorzuziehn.
Auf Weichem sitzt man stets apart…

Nicht weich zu sitzen, das ist hart!

Das Einzige, das man sich jederzeit nehmen darf, ohne danach sitzen zu müssen, ist Platz.

Großmamas Lied

Ich sitze da und stricke Strumpf. –
Und unterm Hause ist ein Sumpf.
Drum steht das Haus nach vorn geneigt,
so wie ein Geiger, wenn er geigt.
Ich seh Musik ganz in der Ferne
und höre über mir die Sterne,
das klingt in meinem Kopf so dumpf.
Ich sitze da und stricke Strumpf. –

Perpetuum mobile

Und der Herbststurm treibt die Blätter,
die ganz welk sind, vor sich her,
und es ist so schlechtes Wetter – – –
ach, wenn's doch schon Winter wär!
Und es fallen weiße Flocken,
zwanzig Grad sind es und mehr,
und man friert in seinen Socken – – –
ach, wenn's doch schon Frühling wär!
Und der Schnee schmilzt auf den Gassen,
und der Frühling kommt vom Meer,
einsam ist man und verlassen – – –
ach, wenn's doch schon Sommer wär!
Und dann wird es schließlich Juli,
und die Arbeit fällt so schwer,
denn man transpiriert wie'n Kuli – – –
ach, wenn es doch Herbst schon wär!
usw. usw.

Pappis Wiegenlied

Schlafe ein, mein Schätzchen,
und träum von einem Kätzchen,
von Püppchen, bunten Steinchen,
schlafe ein, schlaf, Kleinchen!
Schlafe ein, mein Bübchen,
ein Engel geht durchs Stübchen
ganz leis auf nackten Beinchen,
schlafe ein, schlaf, Kleinchen!
Während nun der gute Mond am Himmel lacht,
sitzt dein Pappi hier am Bettchen und bewacht
dich, mein holdes Schätzchen.
Es schlafen schon die Kätzchen,
die Püppchen und die Steinchen,
schlafe ein, schlaf einchen!

Als ich geboren wurde, war ich noch sehr jung.

Gedanken an der Ostsee

Wie wär die Welt so wunderbar,
umspült vom blauen Meere,
wenn diese Welt, wie's einstmals war,
ganz ohne Menschen wäre.
Dann gäb's kein Hoffen, kein Verzicht,
kein Hassen und kein Morden,
dann wär bestimmt auch dies Gedicht
nicht hingeschrieben worden.

Der Pflasterstein

Es liegt ein grauer Pflasterstein
auf der Chaussee, doch nicht allein;
denn wenn allein er läge,
dann läge er im Wege;
doch so, inmitten anderer,
erfreut er alle Wanderer.
Anstatt ihn dankbar nun zu grüßen,
tritt man mit Füßen ihn, mit Füßen...!

Paradox ist, wenn einer sich im Handumdrehen den Fuß bricht.

Weihnachten 1944

(Als ich keinen Urlaub bekam)

Wenn es in der Welt dezembert
und der Mond wie ein Kamembert
gelblich rund, mit etwas Schimmel
angetan, am Winterhimmel
heimwärts zu den Seinen irrt
und der Tag stets kürzer wird –
sozusagen wird zum Kurztag –
hat das Christkindlein Geburtstag!
Ach, wie ist man dann vergnügt,
wenn man einen Urlaub kriegt.
Andrerseits, wie ist man traurig,
wenn es heißt: »Nein, da bedaur ich!«
Also greift man dann entweder
zu dem Blei oder der Feder
und schreibt schleunigst auf Papier
ein Gedicht, wie dieses hier:
Die Berge, die Meere, den Geist und das Leben
hat Gott zum Geschenk uns gemacht;
doch uns auch den Frieden, den Frieden zu geben,
das hat er nicht fertiggebracht!

Wir tasten und irren, vergehen und werden,
wir kämpfen mal so und mal so…
Vielleicht gibt's doch richtigen Frieden auf Erden?
Vielleicht grade jetzt? – – Aber wo?…

Frieden auf Erden – hoffentlich wird es keinen Zaun mehr geben, von dem man einen Streit brechen kann.

Das Schloß

Papst Paul war gestorben vor vierhundert Jahren
und ist dann, wie üblich, gen Himmel gefahren.
Und als er dort oben gut angekommen,
da hat er den güldenen Schlüssel genommen.
(Es ist ja bekannt, daß früher und itzt
jeder Papst einen Schlüssel zum Himmel besitzt.)

Doch siehe, der Schlüssel, der wollte nicht passen.
Der Petrus hat trotzdem ihn eintreten lassen
und sprach (sein Antlitz war bartumrändert):
»Der Luther hat nämlich das Schloß verändert…!«

Das Große Los

Wie man's auch dreht, wie man's auch nimmt,
das Los ist uns vorausbestimmt.

Wir wissen nicht, was kommt, was geht,
wie man's auch nimmt, wie man's auch dreht.

Wie man's auch dreht und nimmt und zieht,
wir wissen nicht, was uns noch blüht.

Das Große Los blüht uns nicht oft,
wie man's auch dreht, nimmt, zieht und hofft.

Sendepause

Eine der schönsten und beliebtesten Sendungen im Rundfunk und Fernsehen ist die Sendepause. Man bedenke: unzählige Techniker sind damit beschäftigt, nichts zu senden. Nichts. Viele Hörer und Zuschauer schrieben begeisterte Briefe mit der Bitte, die Sendepausensendung doch auszudehnen, weil diese die einzige Sendung sei, bei der der Nachbar ruhig aufdrehen könne, ohne daß man selbst dabei – durchdreht.

Es gibt freiwillige und unfreiwillige Sendepausen. Eine freiwillige findet werktäglich statt, eine unfreiwillige kann auch sonntags stattfinden und heißt »Technische Störung«. Wer genau hinhört, kann zwischen einer freiwilligen und einer unfreiwilligen Sendepause keinen Unterschied merken. Es gibt eben keinen Unterschied zwischen freiwillig und unfreiwillig. Das werden die alten Soldaten den neuen gern bestätigen.

Mein Freund

Er war als Kind oft krank gewesen,
mein Freund, des Grafen Bamm sein Sohn.
Kaum war er von dem Mumps genesen,
bumps, hatte er die Masern schon.
Dann Scharlach, Diphtherie und Pocken,
mal brach er Speise, mal das Bein,
und ging er ohne Schuh und Socken,
so stellte sich gleich Grippe ein.

Die Viren lagen ständig auf der Lauer!
Mein Freund verlor gewaltig an Gewicht.
Er wurde langsam aber sicher sauer
und starb. – Wer tät das nicht?…

Fünfzig Pfund

Eine alt-englische Moritat

»Nein, nicht aus Gold ist dieses Ding…
Ihn schenkte einst ein Zaubrer mir…
Nur Unglück brachte stets der Ring,
doch einen Wunsch erfüllt er dir!
Zieh ihn vom Finger, wenn ich sterbe,
und hüte sorgfältig das Erbe…«

So sprach der Inder und verstarb. –
Aus Indien kam Mister Lone
nun endlich wieder nach New-Sharp
zu seiner Frau und seinem Sohn. –
Das Geld war knapp, die Armut stieg…
Der Sohn ging täglich zur Fabrik… –

»Sieh, Frau, dir diesen Ring mal an,
doch schweige, bitte, sag kein Wort,
denn hast du einen Wunsch getan –
den Wunsch erfüllt er dir sofort!«
Und schon entfuhr es ihrem Mund:
»Ach, hätten wir doch fünfzig Pfund!«

Zu spät! – Der Blick des Mannes ging
verzweifelt und entsetzt zu ihr:
»Nur Unglück bringt der böse Ring,
so sprach der Inder doch zu mir!«
»Ach, lieber Mann, denk nicht an den –
von fünfzig Pfund ist nichts zu sehn…!«

»Ja, du hast recht!« – Der Abend kam,
doch nicht der Sohn. – Beim Abendbrot
erschien sein Chef in Schwarz und nahm
den Hut ab, sprach: »Ihr Sohn ist tot…
Ein Unglücksfall… I'm sorry, und –
wir zahlen Ihnen fünfzig Pfund…!«

Auge um Auge

Stundenlanger Regen nieselt,
und es schmerzt schon das Gesäß,
und die Luft ist eingedieselt
durch die vielen LKWs.

Immer weiter! Keine Liebe
kennt man auf der Autobahn!
Wütend beißt sich das Getriebe
und der Mensch durch – Zahn um Zahn…

Lieber ein kleiner Lackschaden, als ein großer Dachschaden.

Trost

Immer wenn ich traurig bin, trink' ich einen Korn. Wenn ich dann noch traurig bin, trink ich noch 'nen Korn. Und wenn ich dann noch traurig bin, dann trink ich noch 'nen Korn...

... und wenn ich dann noch traurig bin, fang' ich an von vorn.

Da kann einer sagen, was er will,
das beste Essen ist immer noch das Trinken.

Das glückliche Leben

Nein, wir hatten nichts zu rauchen.
Was da rauchte, waren Trümmer.
Und dann rauchten wir Machorka,
und der Hunger wurde schlimmer. –

Doch bald wurde es dann besser.
Wieder rauchten alle Schlote.
Und wir reisten nach Mallorca
mit dem Flugzeug oder Boote.
Und die Häuser wurden größer,
und die Autos wurden länger,
und wir wurden immer fetter
und die Städte immer enger.
Geld gab's viel für wenig Arbeit.
Alles gab's im Übermaße:
Freiheit, Fernsehn, Ferienreisen –
und die Toten auf der Straße.

Die Uhrsache

Die Rathausuhr geht unentwegt,
und immer scheint sie aufgeregt,
weil – ist sie auch schon hochbetagt –
sie innerlich die Unruh plagt – – – ,
was sich auf uns dann überträgt…

Kinder

Kinder haben es so leicht,
haben keine Sorgen,
denken nur, was mach ich jetzt,
nicht, was mach ich morgen…?
Kinder haben es so schwer,
dürfen niemals mäkeln
und sich wie der Herr Papa
auf dem Sofa räkeln…

Kinder haben es so leicht,
dürfen immer spielen,
essen, wenn sie hungrig sind,
weinen, wenn sie fielen…
Kinder haben es so schwer,
müssen so viel lernen
und, wenn was im Fernsehn kommt,
sich sofort entfernen…

Kinder haben es so leicht,
naschen aus der Tüte,
glauben an den lieben Gott
und an dessen Güte...
Kinder haben es so schwer,
müssen Händchen geben –
und auf dieser blöden Welt
noch so lange leben...

Ein Stabhochspringer ist kein Hochstapler –
eine Hebamme keine Empfangsdame.

Der Friedhofsgeiger

Immer wenn die Totenglocke
läutete im Dorf, dann griff der
Friedhofsgeiger nach der Geige,
nach dem Bogen und dem Hute.
Und wenn leis der Sarg sich senkte,
stand er geigend an dem Grabe,
und die Trauergäste weinten,
und dann gaben sie ihm reichlich.

Plötzlich und ganz unerwartet
starb der Bäckermeister Wuttke
und der Apotheker Heinrich,
und noch viele andre folgten.
Auch den Volksschullehrer Meinke
trug man feierlich zu Grabe,
dem, so wußte man, nichts fehlte
als die Liebe seiner Schüler.
Niemand aber ahnte, daß der
Bäcker und der Apotheker
und der Lehrer und die andern
keines echten Todes starben,

weil der Friedhofsgeiger ihnen
in der Wirtschaft Gift ins Essen
schüttete, das festzustellen
schwer war für den Arzt des Dorfes.

Und weil in dem kleinen Orte
sonst nur selten welche starben,
gab der Geiger Hilfestellung,
da er von den Toten lebte.
Denn wenn leis der Sarg sich senkte,
stand er geigend an dem Grabe,
und die Trauergäste weinten,
und dann gaben sie ihm reichlich.

Es lohnt sich nicht n' Hut zu tragen,
endet der Mensch bereits am Kragen.

Das Wiedersehn

Er hat sich dreimal überschlagen...
Lang war der Sturz und kurz der Schreck...
Im Abgrund lag der schöne Wagen,
und neben ihm lag Mister Black...
Die starren Augen standen offen...
Der Wagen lag auf dem Verdeck...
Black schaute staunend und betroffen:
»Da steht doch mein Freund Taylor? – Jack!!«

»Ja, ich bin Jack! Leidest du sehr?
Wie geht's? Du kannst mir alles sagen!«
»Mein lieber Jack, wie kommst du her,
das muß ich aber wirklich fragen?!
Du fielst vor Jahren doch vom Boot
durch irgendeinen dummen Fehler,
und du ertrankst! Du bist doch tot!!!?«
»Du auch«, erwiderte Jack Taylor...

*Manchmal hat es wirklich keinen Sinn,
die Stirn zu fletschen und die Zähne zu runzeln.*

Schimpfe nicht...

Schimpfe nicht auf Sozialisten –
oder auf Nationalisten –
oder gar auf Klerikale –
und auch nicht auf Liberale!
Schimpf nicht auf die Kaisertreuen –
oder auf die Neo-Neuen – –
schimpfe nur auf jene, die's
Land regiern, als könnten sie's!

Man muß sich notfalls jemand mieten,
hat man an Geist selbst nichts zu bieten.

Schal und Rauch

Und der Rauch der Zigarette
kräuselt sich und steigt zur Decke,
und da oben wird er breiter.

Und nun sieht er deinem blauen
Schal so ähnlich, dem ich zürnte,
weil er das tat, was du ständig
mir verbotest, nämlich dieses:
dich ganz zärtlich zu umhalsen.

Doch nun ist der Rauch verflogen.
Nichts erinnert an den Schal mehr,
höchstens der Geschmack im Munde,
den ich habe, weil er schal ist.

Bilanz

Wir hatten manchen Weg zurückgelegt,
wir beide, Hand in Hand.
Wir schufteten und schufen unentwegt
und bauten nie auf Sand.
Wir meisterten sofort, was uns erregt,
mit Herz und mit Verstand.
Wenn man sich das so richtig überlegt,
dann war das allerhand.

Ich reibe mir Morpheus Arme aus den Augen,
werfe mir den Hut um die Schulter und lebe sinnlos mäßig.

Urlaub im Urwald

Ich geh im Urwald für mich hin…
Wie schön, daß ich im Urwald bin:
Man kann hier noch so lange wandern,
ein Urbaum steht neben dem andern.
Und an den Bäumen, Blatt für Blatt,
hängt Urlaub. Schön, daß man ihn hat!

Die Gardinenpredigt

An den blumigen Gardinen
hängen Reste deiner Predigt,
und seitdem du sie gehalten,
bin ich für die Welt erledigt.
Einsam schleich ich durch die Landschaft.
Und der Schwager und die Nichten
zeigen nun auf mich mit Fingern,
statt mich wieder aufzurichten.
Bis zur nächsten großen Wäsche
muß ich meine Wohnung meiden,
denn ich kann diese Gardinen,
die geblümten, nicht mehr leiden!

Manche Konferenzen finden unter vier Wänden statt.

Die Attraktion

Altneusandsteinberg ist ein Nest,
das man sonst gern links liegen läßt;
doch sind Begräbnisse hier – seit's
die neue Glocke gibt – von Reiz.
Denn durch das individuelle
Geläut vom Turme der Kapelle
weiß sie die Besten und die Bös'ten
zu läutern, strafen oder trösten
und durch ihr löbliches Bestreben
den Friedhof quasi zu beleben.

Starb, wer nichts war als alt und krumm,
dann macht die Glocke einfach bum.
Doch war der Tote gläubig, fromm,
dann macht sie jubelnd bim-bam-bom!

War der Verblichene ein Schlimmer,
hört man von ihr nur ein Gewimmer.
Doch starb ein Kind und flog gen Himmel,
dann macht sie bummel-bammel-bimmel,
bummel-bammel-bimmel!
Altneusandsteinberg ist ein Nest,
wo man sich gern begraben läßt.

Dort bin ich

Wißt ihr, wo ihr mich stets im Urlaub find't?
Nur immer dort, wo frohe Menschen sind!
Wo auch mal Wind die Birkenbäume biegt,
und man auch sonntags frische Brötchen kriegt!

Masseure sind die Linienrichter im Kampf gegen die Kalorien.

An meine Brille

Ich wäre glatt verloren,
wärst du nicht stets bei mir.
Du hängst an meinen Ohren
grad so, wie ich an dir.

Trag dich auch, wenn auf Zehen
die Nacht sich niedersenkt,
dann kann ich besser sehen
den Traum, der mich umfängt.

Und wenn ich einst verschwinde,
so bleib auch dann bei mir,
damit ich sicher finde
den Weg mein Gott, zu dir.

Die Mitte

Ein kleines Verslein kam gegangen
und hat zu sprechen angefangen:
»Ich bin an deinem Tisch gewesen
und hab' dein Manuskript gelesen:
der Anfang ist ein wenig schwach,
dafür läßt dann das Ende nach.
Ich sei, gewähre mir die Bitte,
in deinem Buch deshalb die Mitte!«

Zur Pause

Ich sag es ehrlich, oft geschah's,
daß ich im Leben was vergaß;
doch manches wiederum indessen
vergaß ich leider zu vergessen.
Was ich mit Recht vergessen sollte,
war, daß ich noch was dichten wollte.
Deshalb, o Muse, fleuch nach Hause,
ich mach jetzt

ZEHN MINUTEN PAUSE

ZEHN MINUTEN PAUSE

Zu Beginn

Es war an einem 20. Februar.

Das Thermometer zeigte 11 Grad minus und die Uhr 11 Uhr vormittags, als vor unserem Haus das Hauptwasserrohr platzte. Im Nu war die Straße überschwemmt und im gleichen Nu gefroren. Die umliegenden Kinder kamen zuhauf, um auf ihren Schuhen schlitt zu laufen.

Ich selbst konnte mich an diesem fröhlichen Treiben nicht beteiligen, weil ich noch nicht geboren war. Dieses Ereignis fand erst gegen Abend statt.

Und da war die Eisbahn längst gestreut und unbrauchbar geworden.

Das Eislaufen habe ich bis heute nicht gelernt. Auch schwimmen kann ich nicht. Aber zeichnen!

Also zeichne ich hochachtungsvoll

Ihr 

Wieso ich Dichter wurde

b

Als ich das Gaslicht der Welt erblickte, war ich noch verhältnismäßig jung.
Meine Eltern waren zwei Stück, und mein Vater war sehr reich: er hatte zwei Villen, einen guten und einen bösen.
Und eines Tages – es war sehr kalt, und ich fror vor mich hin, denn nicht nur meine Mutter, auch der Ofen war ausgegangen – teilte sich plötzlich die Wand, und eine wunderschöne Fee erschien! Sie hatte ein faltenreiches Gewand und ein ebensolches Gesicht. Sie schritt auf meine Lagerstatt zu und sprach also: »Na, mein Junge, was willst du denn mal werden?« Ich antwortete – im Hinblick auf meine ziemlich feuchten Windeln: »Ach, gute Tante, vor allem möcht ich gern ›dichter‹ werden!« Das hatte die Fee mißverstanden, was du, geduldiger Leser, dem vorliegenden Buch unschwer entnehmen kannst!

Meine Geburt

Sie fand im Saal statt. Im Kreissaal.
Und schon war ich sauer! Merkte ich doch gleich, daß auf Erden fast alles Lug und Trug ist!
Denn wieso heißt ein Kreissaal Kreissaal, wenn er viereckig ist?!
Erst viel später lernte ich – und auch nicht in der Schule – , daß man diesen Saal mit »ß« schreibt…
Kaum hatten sich mir meine Eltern vorgestellt – ich hatte sie mir ganz anders vorgestellt – fanden sie mich »nein, wie reizend«! Dabei hatte ich kaum Haare auf dem Kopf, geschweige denn Zähne, auch war ich überall recht dick.
Kurz, ich sah aus wie jetzt! –
Bald darauf erschien Onkel Harry und fotografierte mich von sämtlichen Seiten. Besonders gelang ihm die Aufnahme, wo ich völlig entkleidet bäuchlings auf einem Bärenfell liege – wobei weder das Nackte, ich trug damals nicht einmal eine Brille, die finanzielle Situation meines Vaters noch das Bärenfell meine rein germanische Abstammung dokumentieren sollte…

Die Eltern

b

Eltern bestehen in der Regel aus zwei Personen. Es sollen allerdings auch Fälle bekanntgeworden sein, wo der Vater unbekannt ist. Von diesen überaus seltenen Fällen zeugt schon die im 17. Jahrhundert entstandene deutsche Volks-, oder besser gesagt, Halbwaise: Zeige mir dein Muttermal, zeig mir deinen Vater mal... Nun, ich konnte mich nicht beklagen: ich hatte so nach und nach drei Väter bekommen. Und ebenso viele Mütter! Diese Vielzahl an Eltern ist darauf zurückzuführen, daß sowohl mein Vater als auch meine Mutter jeweils dreimal den Bund fürs Leben schlossen. Da nun aber nicht nur sie, sondern auch die Angeheirateten immer wieder heirateten, so besaß ich in den zwanziger Jahren nicht weniger als einundzwanzig lebende Großelternteile, nämlich elf Großväter und zehn Großmütter...
Alle Vä- und Mütter, aber auch deren Eltern kannten sich untereinander, vertrugen sich glänzend und verwöhnten mich. Und das nicht nur zur Weihnachtszeit...

Man reichte mich ständig herum, und manchmal reichte es mir!
Es bleibt unerfindlich, wie ich damals alle Angehörigen auseinanderhalten konnte – ganz abgesehen von den fast täglich neu hinzukommenden Onkels und Tanten, die man ja auch noch mit Namen anreden mußte!

Früheste Kindheit

b

Die Überschrift verbrachte ich in Riga, wo ich quasi zweimal zur Welt kam: am 7. Februar nach russischer und am 20. Februar nach hiesiger Zeitrechnung.
Im Datum, das muß man den Russen lassen, waren sie uns entschieden voraus!
Während in jenen Tagen Mütterchen Rußland von Väterchen Zar beherrscht wurde, wuchs ich ziemlich unbeherrscht auf; denn meine Eltern waren meine Großeltern.
Wenn ich, Gott behüte, nur einmal nieste, mußte ich für eine Woch ins Bett, und hustete ich gar, für zwei Wochen!
Schließlich war ich derart verweichlicht, daß ich nur noch nieste oder hustete – oder beides.
Trotzdem erinnere ich mich eines Tages, an dem ich nicht im Bett lag.

Es war herrlich warm, und ich tollte mit meiner Njanja – so hießen die dortigen Kindermädchen – im Garten herum, obwohl die Njanja wahrscheinlich viel lieber ruhig dagesessen hätte…

Auf der Terrasse aber saß Großmütterchen und häkelte. Oder strickte.
Sie saß auf einem Klappstühlchen, und an einem Bein (des Klappstühlchens) war unser Mops Doggi angebunden.
Plötzlich mußte er eine Möpsin oder etwas in der Art auf der vorüberführenden Straße gewittert haben...! Kurz und gut – oder vielmehr gar nicht gut: er nahm einen gewaltigen Anlauf und raste mitsamt dem Klappstühlchen – aber ohne Oma – von dannen!
Großmütterchen hatte inzwischen auf den harten Steinen der Terrasse Platz genommen, worüber ich in unbändiges Lachen ausbrach– ein Beweis für meinen schon damals stark ausgeprägten Sinn für Humor... Großmütterchen hatte aber keinen! Nachdem sie sich mit Hilfe der Njanja erhoben hatte, erhielt ich die erste Ohrfeige meines Lebens – nichts ahnend, wie viele Ohrfeigen ich späterhin von anderen noch würde einstecken müssen…
Natürlich fing ich jämmerlich zu weinen an. Das wiederum rührte Großmütterchen. Sie nahm mich

auf ihren ausgedehnten Schoß und drückte mein Gesicht an ihre ebensolche Brust.
Als ich mit dem Weinen nachließ und das Antlitz wieder hob, war ich völlig schwarz: die Pailletten von Großmütterchens Kleid hatten abgefärbt…
Nun war es an Großmütterchen, herzlich zu lachen!
Überhaupt zeichnete sich unser Garten durch Lachen aus – besonders nach starken Regenfällen…

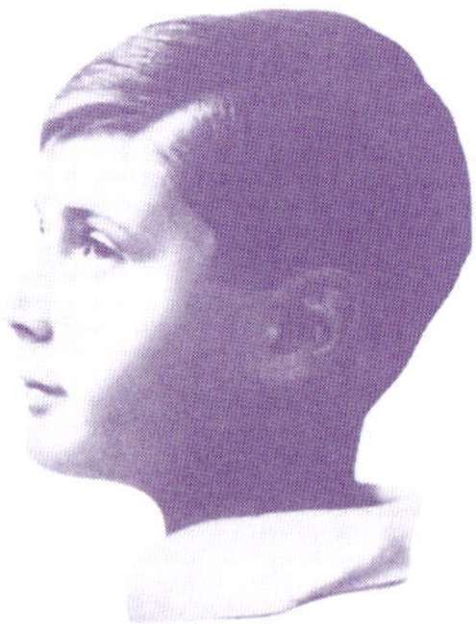

Einladungen

In Deutschland wird Moral immer großgeschrieben – auch aus sittlichen Gründen. Hauptsächlich aber wegen unserer Rechtschreibung, die dir befiehlt, Hauptworte, auch wenn sie dir unwichtig erscheinen, stets groß zu schreiben. In meiner Heimat jedoch war es ganz schlimm! Nie wäre es dir möglich gewesen, allein mit einem Mädchen ins Kaffee, Kino oder gar zum Tanzen zu gehen, ohne daß ihr tags darauf als verlobt galtet. Und das war gefährlich!

Um nun heiratsfähige Töchter trotzdem an den vorsichtigen Mann zu bringen, wurdest du als Junggeselle oft und gern von töchterhabenden Familien nach Hause eingeladen. Da es eine Menge derartiger Familien gab, mußtest du fast täglich woanders hin…

Manchmal war es sogar ganz gemütlich – besonders dann, wenn der »Schwiegerpapa« gern einen trank und nun froh war, in dir einen Kumpel gefunden zu haben. Nach dem Abendessen, wo dir von der Mama die Vorzüge der betreffenden

Tochter aufs Butterbrot geschmiert wurden, gingst du mit dem Hausherrn in sein Allerheiligstes, und dort kipptet ihr einen köstlichen Wodka nach dem andern herunter.
Nach dem zehnten Schnaps taute selbst der eiskälteste Vater auf und meinte etwas lallend, seine Tochter sei gar nicht so besonders – sondern ganz im Gegenteil! Und seine Frau erst – o je! Er sei damals auch so einge- und dann verladen worden, und er habe einen Fehler gemacht usw. usw.
Nachdem du zu später Stunde – aber noch nicht zu spät – den Damen des Hauses sämtliche Hände geküßt und vor lauter Wodka nicht mehr wußtest, falls mehrere Töchter anwesend waren, welcher du vorhin eigentlich den Hof gemacht hattest, verschwandest du gesättigt und »satt« auf Nimmerwiedersehn …
Nun, es gab auch Familien mit zahlreichen Töchtern, die dem Alkohol abhold waren. Da du aber rechtzeitig von deinen Freunden, die da schon mal zu Gast sein mußten, gewarnt wurdest, nahmst du eine Flasche mit, indem du sie wohlverwahrt in deine Manteltasche stecktest.

Während des Abendbrots täuschtest du leichtes Unwohlsein vor und gingst – jegliche Begleitung strikt ablehnend – dorthin, wo dein Mantel hing. Dort zogst du die Flasche heraus und dich dann zurück …

Schon nach ein paar Minuten kamst du in weit besserer Stimmung wieder; denn nun konntest du dich – dich auf deine Magenverstimmung berufend – weigern, den zähen Rehrücken, der dir ebenso hartnäckig auf der Zunge gelegen hatte wie die Bemerkung, du müßtest wohl ein Stück vom Geweih erwischt haben, zu Ende zu essen! Und beim Kompott, von dem die Hausfrau stolz berichtete, sie habe es persönlich eingeweckt – worauf du dir den Einwurf nicht verkneifen konntest, es sei schade, daß sie es wieder aufgeweckt habe – stattetest du abermals deiner Flasche einen nun etwas längeren Besuch ab.

Sie dankte es dir, indem sie die Stunden schneller verstreichen und deine rhetorischen Fähigkeiten in so hellem Licht erstrahlen ließ, daß deine »Zukünftige« in ebensolches Entzücken ausbrach …

Und beim Abschiednehmen passierte es dann, daß deine »Schwiegermutter« allen Ernstes zu dir sagte: »Sehen Sie, mein Lieber, es ging auch ohne Alkohol!«
Worauf auch du gingst und nie wieder eingeladen wurdest, weil man in irgendeiner Ecke deine leere Flasche gefunden hatte...

Bei dieser Gelegenheit möchte ich betonen, daß ich die Frau, mit der ich mich wirklich verlobte – dann sogar auch noch heiratete, und die mir so nach und nach vier Kinder schenkte, daß ich also diese Frau nicht im Suff, sondern im Fahrstuhl kennenlernte.
Wir stiegen gleichzeitig im Parterre ein
und drückten – welch Zufall! – beide auf dasselbe Knöpfchen.
Und – unsere gemeinsame Fahrt nach oben ist, so hoffen wir, noch nicht beendet...

Wie ich zur Marine kam

b

Am 16. November 1941 zog ich aus; denn man zog mich ein!

Eigentlich sollte ich schon im September einrücken, aber es gelang mir, wieder auszurücken – und das kam so:
Als der Gestellungsbefehl mit der ersten Post eintraf, ging ich unbehenden Fußes zum zuständigen Wehrbezirkskommando in Berlin-Halensee. Man fragte mich, ob ich Tiere möge. »Natürlich«, sagte ich, »hauptsächlich Katzen und Hunde!« Und wie es mit Pferden sei? »Aber sicher«, antwortete ich unsicher; denn mit Pferden hatte ich bislang nichts zu tun gehabt.
»Gut! Dann also Schwere Bespannte Artillerie in Küstrin!« Na, Sie können sich ja denken, wie mir zu Mute war…
An einem herrlichen Septembertag morgens um fünf nahm ich Abschied von Weib und Kind, dann mein Pappköfferchen, darauf mich zusammen und schlich mannhaft zur S-Bahn.
Je näher der befohlene Versammlungsplatz heranrückte, desto mehr Väter, Mütter, Schwestern, Brüder, Bräute und Ehefrauen stiegen in Begleitung ihrer einrückenden Helden zu. Wir mußten richtig zusammenrücken!

Mit dem Pappkarton in der Hand und mehreren Klößen im Hals betrat ich betreten den bewußten Platz, und schon wurde ich von einem Wald- oder Wiesenwebel – es kann aber auch ein Feldwebel gewesen sein – angeschrien, wo ich denn hin wolle!!??!!
Erst zuckte ich am ganzen Körper zusammen, dann bloß mit der Schulter und zeigte ihm die Einladung, die mit den Worten begann: Sie haben sich usw. usw. »Der große Haufen da rechts!« brüllte der Webel, und ich wankte davon.

Da ich von Hause aus recht schüchtern bin, stellte ich mich ganz bescheiden ans äußerste Ende des »Haufens« und wartete. – Plötzlich stand wie aus dem Boden gestampft ein Leutnant vor uns und befahl:

»Abzählen!«

Das klappte eigentlich schon ganz nett; bloß die Nummer dreizehn war abergläubisch und rief: »Zwölf a!«

Ich war der Dreiundsiebzigste und, wie gesagt, der Letzte. Kaum hatte ich meine Zahl heraus, als der Leutnant rief: »Die letzten drei wegtreten! Ich brauche nur siebzig!« Nie werde ich den traurigen Blick der Nummer Dreizehn vergessen – hatte ihm doch der dumme, dumme Aberglaube nichts geholfen…

Wie ich nach Hause kam, weiß ich nicht mehr, ich weiß nur, daß ich zum ersten Mal in meinem Leben einen Handstand machte, der sogar auf Anhieb gelang, und daß meine Frau mich lange ansah – erst ent-, dann begeistert!

Am gleichen Abend stand ich wieder strahlend auf der Bühne des Kabaretts der Komiker und hatte zehn Hervorrufe – was mich nicht weiter verwunderte, ist doch zehn die Quersumme von dreiundsiebzig …

Aber schon im Oktober kam der nächste Gestellungsbefehl – diesmal mit der zweiten Post.

Und wieder begab ich mich zum Wehrbezirkskommando. Mit dem festen Vorsatz, Pferde, ja auch Hunde und Katzen völlig abzulehnen, betrat ich es.

»Treiben Sie Sport?« lautete diesmal die Frage. Schlau, wie ich nun einmal bin, antwortete ich: »Nein, überhaupt nicht!« – »Können Sie radfahren?« Nun, das war meine große Leidenschaft – also sagte ich: »Jawoll!«

»Schön! Dann kommen Sie zu den Radfahrern nach Brandenburg! «

Mir war auch nicht viel wohler als das erste Mal… Wieder war es fünf Uhr morgens, als Pappi mit der Pappschachtel loszuckelte. Diesmal nahm ich die U-Bahn…

Ein riesiger Kasernenhof verschluckte mich, und wieder umzingelten mich wehklagend fremde Angehörige, aber – und das war mir ebenso fremd – kein Dienstgrad schrie mich an! Im Gegenteil! Man fragte mich freundlich, wohin es mich zöge, worauf ich – wie gehabt – den bekannten Schein vorwies. »Nach links, bitte, da, wo der kleine Haufen steht!« Aha, dachte ich beim Anblick der

paar Radfahrer, es scheint doch nicht so viele davon zu geben, wie allgemein behauptet wird …
Ich gesellte mich also zu ihnen.
Plötzlich steuerte ein Offizier auf uns zu und musterte uns leutseligen Auges. Als sein Auge – ich glaube, es war das rechte – auf mir zu ruhen geruhte, stutzte er und trat auf mich zu: »Sind Sie nicht dieser Klavierhumorist, über den ich noch gestern im Kabarett der Komiker so herzlich gelacht habe?« – »Jawohl!« erwiderte ich, so gut es mir die Klöße im Halse gestatteten. »Machen Sie, daß Sie wegkommen!« flüsterte er mir zu, drehte sich um und ging.
Und ich auch. Was heißt, ich ging? Ich rannte und rannte …! Selbst ein Radfahrer hätte Mühe gehabt, mich einzuholen …
Ausgerechnet am 11. 11. mußte ich wieder zum Wehrbezirkskommando. »Diesmal aber«, sprach ich zu mir, »bist du nicht so dumm! Weder kannst du radfahren, noch bist du tierlieb, kurz, du kannst und bist gar nichts! «
So gerüstet betrat ich die mir schon liebgewordenen Räume…

Der Wehrbezirkskommandant begrüßte mich, als seien wir Freunde: »Na, mein Lieber, hat es das letzte Mal wieder nicht geklappt?« – »Nein, leider!« – »Nun, man hört ja so allerhand von Ihnen! Kabarett der Komiker und so! Was machen Sie da eigentlich?« – »Ich singe Chansons und begleite mich selbst am Klavier.« – »So, Sie können klavierspielen? Das ist ja großartig! Das Musikkorps der Kriegsmarine in Stralsund sucht einen Klavierspieler. Für was sie den brauchen, weiß ich nicht! Die werden doch nicht, wenn sie durch die Stadt marschieren, ein Klavier vornewegschieben?! Ha-ha-ha! Ist ja auch egal! Hätten Sie Lust?!«

Na und ob! Und so kam ich als Nichtschwimmer und Brillenträger zur Marine …!

Theater, Film, Fernsehen

Man hat Theater, die erfreuen sich fiskalischer Unterstützung – man hat aber auch Theater, die erfreuen das Publikum. Diese sind äußerst selten, meist in privater Hand und haben schwer zu kämpfen, sofern sie nicht wenigstens einer Organisation angeschlossen sind, was aber ausgeschlossen ist, wenn die Stücke, die sie spielen, zu lustig sind! Wie traurig! Man unterscheidet zwei Arten von Theaterleitern: solche, die es wirklich sind, und solche, die es gern sein möchten. Letztere überwiegen bei weitem, obwohl gerade sie der Überzeugung sind, sie wären es…

Auch die Darsteller zerfallen in zwei Teile: in einen, der von der Schauspielschule und in den anderen, der vom Kabarett kommt.

Die Darsteller des ersten Teils besitzen oft keine Persönlichkeit und vermögen deshalb leicht in die Haut der darzustellenden Person hineinzuschlüpfen; die Kabarettisten dagegen können aus ihrer Haut nicht heraus und spielen aus diesem Grunde meist nur sich selbst. Sie sind von den

b

»gelernten« Kollegen nicht so gern gesehen wie vom Publikum, was wohl daran liegt, daß der Theaterbesucher für gewisse Nuancen eine Nase hat, die nicht auf den Kopf gefallen ist! – Mindestens ebenso wichtig am Theater wie die Platzanweiser – ich meine hier nicht die Regisseure – sind zweifelsohne die Kritiker! Im stillen Kämmerlein tippen sie ihre Rezensionen in die Schreibmaschine, und es kommt nicht selten vor, daß sie – ähnlich wie wir beim Lotto – danebentippen... So schrieb beispielsweise Ende des vorigen Jahrhunderts ein berühmter Wiener Musikkritiker (Name und Anschrift sind bekannt) gelegentlich der Uraufführung von Puccinis »La Bohème«, er gäbe dieser Oper noch drei Aufführungen – dann wäre sie vergessen! Man bedenke! Andererseits meinte er über Meyerbeers »Afrikanerin«, dieses Werk werde auch noch das nächste Jahrhundert überleben! Dabei wird diese Oper nicht einmal mehr in Afrika gespielt. Ja, ja – es gibt kaum etwas, womit man soviel Theater hat – wie mit dem Theater...

Zum ersten Mal in meinem Leben trat ich in der

Scala in Berlin auf. Dreitausend Menschen sahen zu mir hoch auf die Bühne. Dort saß ich – ganz allein – am Flügel. Leider hatte ich keine, sonst wäre ich weggeflogen. Alle konnten mich sehen im Schein des Werferlichtes. Ich aber durfte niemand sehen. Ich starrte nur in das Loch des finsteren Publikumsraumes. Für diese Finsternis sollte ich singen und spielen. Ich sang. Ich spielte. Da drang sie ein in mein Hirn, die Finsternis. Sie verschlang mich aber nicht, was sie doch sonst zu tun pflegt. Ich saß da – für alle sichtbar – und wußte nicht weiter. Ich blieb einfach stecken. Ich stand auf, denn ich hatte den Faden verloren, Faden verloren, Faden verloren. Das muß mir im Kopf herumgegangen sein. Ich weiß nur noch, daß ich mich bückte und einen gar nicht vorhandenen Faden von den Bühnenbrettern aufhob. »Verzeihung, ich hab meinen Faden verloren«, sagte ich und steckte das imaginäre Ding mit spitzen Fingern in die Brusttasche meines Fracks. Das finstere Loch des Publikumsraumes wurde da plötzlich sehr lebendig: es applaudierte und lachte. Da hatte ich meinen Faden wiedergefunden und konnte weitermachen. Nach der

Vorstellung kam der Direktor zu mir und sagte: »Warum haben Sie mir die Nummer mit dem Faden nicht vorher erzählt, das war doch ein großartiger Lacher.« Der Mann hat mir nie geglaubt, daß ich den Faden wirklich verloren hatte.

Aber auch mit dem Film hat man so sein Theater. Kaum hatte ich das zarte Alter von 46 Jahren erreicht, als man mich auch schon entdeckte – und zwar auf einer winzigen Bühne in einem witzigen Stück.

Das Publikum scharte sich in Scharen um das Geschehen, aber, wie ich später erfuhr, weniger meinetwegen, als wegen einer bedeutend jüngeren Kollegin, die es meisterhaft verstand, ihre Rolle vor allem zu verkörpern!

Hauptsächlich die Filmproduzenten, die ja immer auf der Jagd nach jungen Talenten – besonders, wenn sie weiblichen Geschlechtes sind – sind, eilten in rauhen Massen herbei, um den Maßen der Künstlerin nachzuspüren …

Schließlich aber kam einer dieser Herren nicht nur ins Theater, sondern auch auf die Idee, daß eigentlich ich den Maßen der Breitwand eher entspräche! Also – und das spricht für den Fachmann! – bot er mir für ein Filmvorhaben, das nach einem Drama eines gewissen Franz Grillparzer gedreht werden sollte, eine der Hauptrollen an mit der Bemerkung, er habe an den Autor wegen der Vergebung der Filmrechte bereits geschrieben …

»Vergebung«, sagte ich, »aber Grillparzer ist meines Wissens seit langem tot!« – »Oh«, meinte der Produzent, »deshalb hat er wohl auch nicht geantwortet!« …

So fiel dieses Projekt leider ebenso ins Wasser wie in Grillparzers Stück die Leander, welche ja mehrmals nächtens die Dardanellen durchschwamm, nur, um die Kerze ihres Hero auszupusten! – Die Hoffnung, jemals zum Film zu kommen, wähnte ich ebenfalls als erloschen …

Aber nein! Schon nach ganz kurzer Zeit stand ich in einem richtigen Filmatelier, von einem richtigen Filmregisseur geleitet, zum ersten Mal vor einer richtigen Filmkamera!

Mit namhaften Kollegen, die ich normalerweise nie anzusprechen gewagt hätte, war ich plötzlich »per du«, ohne daß meine Hochachtung vor ihnen »perdü« gegangen wäre …

Wir waren ein unzertrennliches Team – was den Produzenten regelmäßig bewog, sprachgewandt auszurufen: »Team is money!«

Nun, wir alle waren vom Erfolg des Films überzeugt, und erst bei der festlichen Uraufführung wurde deutlich, wieviel Time wir für dieses Machwerk unnötig verplempert hatten, und was da alles an guten Pointen auf Geheiß des Produzenten herausgeschnitten worden war, bloß, weil er sie nicht verstanden hatte!

Nee, nee – auch mit dem Film hat man sein Theater …

Mit H.-J. Kulenkampf und W. Giller in »Drei Mann in einem Boot«

Mit Grethe Weiser in »Der Haustyrann«

Mit Filmtochter Elke Aberle in »Witwer mit 5 Töchtern«

Ich bekam da eines Tages eine Anfrage, ob ich denn nicht in einem Karl-May-Film mitmachen wollte. Drüben in Südamerika. Nun denn, das reizte mich. Ich sah blau, nein, rot vor Begeisterung. Hatte ich doch erst vorher einen Karl-May-Film gedreht. Da waren die Pferde alle so glücklich, wenn sie mich sahen. Sie wußten ganz genau, daß ich der einzige von den Darstellern war, der nie auf ihnen reiten wollte.

Also man schrieb mir, die ganze Sache heiße »Das Vermächtnis des Inka«, und man wollte gleich anfangen. Ich sollte mich nur rasch impfen lassen. Schön, sagte ich. Impfen muß sein. Ich ging also zu einem Impfer, und da wurde ich eingeimpft. Einmal nach dem anderen. Und als der fertig war, da war ich auch fix und fertig. Ich lag acht Tage im Bett und fühlte mein letztes Stündlein gekommen. Ich träumte nicht mehr von den Inkas, nur noch von meinem Vermächtnis. Es war grauenhaft. Endlich am neunten Tag, wurde ich wieder ein Mensch. Langsam, aber sicher kam ich zu Kräften und fand, daß das Leben durchaus wieder lebenswert sei.

Am Horizont – ganz fern, aber schön rosig – sah ich Südamerika. Hei, das würde lustig werden. Und da brachte auch schon der Briefträger einen Dings – einen Dingsdabums – einen Brief, was sonst. Direkt von der Filmgesellschaft. Sicherlich die Flugkarten. Ei der Daus, da war ich aber froh. Bis ich las, was da stand: »… müssen wir Ihnen mitteilen, daß wir aus zwingenden Gründen auf die Reise nach Südamerika verzichten müssen. Wir drehen die Szenen in der Lüneburger Heide.« Weder vergoß ich Gelächter, noch hielt ich mir den Bauch vor Tränen. Ich runzelte die Stirn und fletschte meine Faust. Auch mit dem Film hat man so sein Theater.

Der ewige Kreislauf

Wie entsteht eigentlich eine Rede? Zunächst hascht man sich einen Gedanken. Das dauert oft länger, als einem lieb ist. Hat man ihn dann endlich, ist er nackt und bloß; deshalb muß man ihn kleiden, und zwar in Worte. Nun beginnt man im Laufe der Rede, Worte zu verlieren. Schließlich fehlen sie einem, und dann muß man nach den Worten suchen, bis man welche gefunden hat. Hat man endlich wieder Worte gefunden, gehen sie einem auf's neue verloren usw. usw...

Ein ewiger Kreislauf ist so eine Rede, und ihre Länge steht oft in keinem Verhältnis zu der Länge ihrer Gedanken.

Verdrehte Welt

Während die Schwarzen die Busen verhüllen,
zeigen wir alles, was nötig zum Stillen.

Wodurch auf der Zunge die Frage uns prickelt,
wer ist denn nun eigentlich unterentwickelt?

Eine Beobachtung

Herrn, die allein, aber dafür zur späten
Stunde, eine Bar oder sowas betreten,
reiten meist ein und dieselbe Masche:
eine Hand steckt in der Hosentasche!

Ist das nun einfach Verlegenheit
oder ein Akt von Verwegenheit?
Wissen sie nicht »mit den Händen, wohin«,
oder soll's heißen »seht her, wer ich bin«?!

Möglich ist auch: Diese Herren von Welt
zähln noch mal heimlich ihr Taschengeld …

Eitle Männer sind wie Kleiderständer,
an denen nichts hängt.

Milch

Es bot der arme Trödlersmann
dem Grafen ein Gemälde an,
das zeigte farbig, froh und frisch,
zwei Gläser Milch auf einem Tisch.
Der das gemalt, war namenlos –
das Bild dagegen rahmenlos.

Da sprach der Graf zum Trödlersmann:
»Was fang ich ohne Rahmen an?
Der Rahmen ist das A und O –
für dieses Machwerk sowieso!
Und dann der Preis! Ganz unerhört!
So viel sind zwei Glas Milch nicht wert!
Und außerdem fehlt, wie ich sag,
der Rahmen! Also – guten Tag!«

Da packte unser Trödlersmann
das Bild ein und sprach traurig dann:
»Wie doch's Intresse gleich erlahmt
an Milch, ist sie, wie hier, entrahmt!«

Schöne Aussichten

Ich habe ein Fenster im Zimmer
(das Fenster, das hatt ich schon immer),
doch lohnte es nie, zum Fenster zu gehn,
denn meine Aussicht ist gar nicht so schön:
nur eine Mietskaserne!

Doch wie ich neulich, ganz aus Versehn,
kam in die Nähe vom Fenster zu stehn,
bemerkte ich plötzlich schräg vis-a-vis
ein weibliches Wesen so schön wie noch nie!

Nun guck ich ziemlich gerne…

Eine Frau, die vor ihrem Mann keine Geheimnisse hat,
hat entweder keine Geheimnisse oder keinen Mann.

Was wär…

Was wär ein Apfel ohne -sine,
was wären Häute ohne Schleim,
was wär die Vita ohne -mine,
was wärn Gedichte ohne Reim?

Was wär das E ohne die -lipse,
was wär veränder ohne -lich,
was wär ein Kragen ohne Schlipse,
und was wär ich bloß ohne dich?

Wenn der Kragen am Hemd nicht sitzt,
handelt es sich häufig um einen Stehkragen.

Chor der Müllabfuhr

Kommt! Lasset von Tonne zu Tonne uns eilen!
Wir wollen dem Müll eine Abfuhr erteilen!

Auf! Machen wir, daß jede Tonne sich leere!
Wir sind dazu da, denn wir sind Müllionäre!
Müllirallala, Müllirallala!

Für einen Vegetarier ist Fleisch eine verbotene Frucht.

Von A bis E

Herr Afeu frug Herrn Befeu:
»Wo bleibt denn bloß Herr Cefeu?«
Da sprach Herr Befeu: »Cefeu?
Der sitzt mit Fräulein Defeu
dort unten hinterm Efeu!«

Kleine Rede am Neujahrsmorgen

Wie Sie sehen, seh ich heute ziemlich blaß aus. Das liegt daran, weil meine Freunde und ich uns die vergangene Nacht um die Ohren haben schlagen müssen, um einen lieben Entschlafenen, den auch Sie kannten, zur letzten Ruhe zu geleiten. Nämlich das vergangene Jahr.

Der Verblichene starb an den Folgen seines Todes und zum ersten Mal in seinem Leben. Und obwohl er nur ein Jahr alt wurde, war er schneeweiß geworden. So viel Aufregendes hatte er in seinem kurzen Leben erleben müssen.

Als wir an der Bar standen – ich wollte sagen: an der Bahre standen, wurde es sehr feucht der vielen Tränen wegen, die zu vergießen wir nicht vergessen hatten. Es ist ja auch sehr traurig, wenn jemand, der ein ganzes Jahr lang Tag und Nacht um uns war, und an den wir uns mittlerweile gewöhnt hatten, nun für immer von uns geht.

Gerüchte um Gerichte

Es gibt Gerüchte,
daß Hülsenfrüchte –
in Mengen genommen –
nicht gut bekommen.

Das macht ja nichts, ich finde das fein!
Warum soll man nicht auch mal ein Blähboy sein?!

Ich brauche nur Fettgedrucktes zu lesen, schon nehme ich zu.

Der General und sein Hemd

Es wollte der Herr General
ein Unterhemd belohnen,
und er befahl dem Wäscheschrank,
dem Festakt beizuwohnen!
Es traten zum Appelle an
der Hemden bunte Scharen –
mit Ausnahme derjenigen,
die grade schmutzig waren!

Er sprach: »Ich will heut eines Hem-
des Dienste anerkennen
und dieses tapfere Unterhemd
zum Oberhemd ernennen!
Ich hab's getragen sieben Jahr,
ich will's nicht tragen länger!
Es wurde mir ein guter Freund,
jedoch am Halse enger!«
Er steckte ihm den Orden an
vom »Hemdenband mit Schnalle«!
Die Hemden riefen, was man ruft
dreimal in solchem Falle:

»Hurra! Hurra!« und nochmals: »Rra!«
Das Oberhemd sprach: »Danke!«
und dann verschwand's im höheren
Regal vom Wäscheschranke!

*Manche Menschen wollen immer nur glänzen,
obwohl Sie keinen Schimmer haben.*

Bäume im Wald

Bäume, die lange zusammenstehen,
können sich bald nicht mehr riechen und sehen,
weshalb oft Tannen, ja, manchmal selbst Eichen
wünschen, sie könnten ganz heimlich entweichen;
doch – da sie fest mit dem Erdreich verbunden
kraft langer Wurzeln, die man unten gefunden,
und deshalb stehn müssen stramm wie Soldaten –
müssen sie leider des Wunsches entraten.

Das Echo

Das Echo liegt im Felsenspalt
und schläft, mit Schnee bedeckt.
Solang es Winter ist und kalt,
wird es nicht aufgeweckt.

Doch wenn der Schnee geschmolzen ist,
du, lieber Enzian, grünst
und mutig jodelt der Tourist,
hat's Echo wieder Dienst.

Bei der Behörde ist es genau wie beim Theater:
Ein paar arbeiten, und die anderen schauen zu.

Düsenlärm

Früher hatte man mit kranken Drüsen
oft zu tun –
heute lassen uns die lauten Düsen
nachts nicht ruhn!

Wie soll uns bei den Getösen
Schlaf erlösen! Oder auch nur:
Wie soll man bei diesen bösen
Düsen dösen?

Der schläft gut, der nicht weiß, wie schlecht er schläft.

Der Mathematiker

Es war sehr kalt, der Winter dräute,
da trat – und außerdem war's glatt –
Professor Wurzel aus dem Hause,
weil er was einzukaufen hat.

Kaum tat er seine ersten Schritte,
als ihn das Gleichgewicht verließ,
er rutschte aus und fiel und brach sich
die Beine und noch das und dies.

Jetzt liegt er nun, völlig gebrochen,
im Krankenhaus in Gips und spricht:
»Ich rechnete schon oft mit Brüchen,
mit solchen Brüchen aber nicht!«

Geschmack

Leute, die etwas vermögen, erwerben sich oft ein solches.
Aber je unverständlicher ein Werk ist, desto höher bewertet man es und befreit es sogar von der Vergnügungssteuer, wohl deshalb, weil es dem Hörer meist kein Vergnügen bereitet, einem solchen Werk beizulauschen.
Übrigens gibt es viel mehr traurige als fröhliche Werke, und das ist eigentlich traurig, denn man macht ernsthafte Dinge nicht dadurch fröhlicher, indem man sie ernsthaft behandelt. Nur fröhliche Dinge sind es wert, ernsthaft behandelt zu werden. Ein ernsthafter Andersdenkender wird nun zuerst sich empört vom Sitz, dann seine Stimme und schließlich Einspruch erheben. Aber die Meinungen über Geschmack sind nun einmal schwerer unter einen Hut zu bringen als die Völker der Schweiz, die vor vielen, vielen Jahren vor einem Hut den Hut oder die Konsequenzen haben ziehen müssen. Wie dieser Wilhelm Tell, der bekanntlich in den sauren Apfel biß, indem er durch ihn hindurchschoß.

Ob nun sauer oder weniger sauer – es ist zum Schießen, wie verschieden der Geschmack ist, besonders was die Hörspiele betrifft, die ja regelmäßig wiederkehren wie die braven Hausfrauen, die auch regelmäßig wieder immer wieder kehren, bis die gute Stube glänzt, wie meine Hose oder wie das wahre Glück durch Abwesenheit.

Das erste, was man bei einer Abmagerungskur verliert,
ist die gute Laune.

Am Kamin

Es gibt recht viele, die noch immer
vom englischen Kamine schwärmen.
Er kann so leidlich zwar das Zimmer –
doch ich mich nicht für ihn erwärmen.

Wenn ich vor solchem Möbel sitze –
ich muß das wirklich mal erwähnen –
so hab ich vorne große Hitze
und klappre hinten mit den Zähnen. –

Sitzt du jedoch bei mir ganz dicht,
legst um mich deinen lieben Arm,
dann gilt das, was ich sagte, nicht –
dann hab ich es auch hinten warm!

Die Turmuhr

Bläst um unsrer Kirche Turm
aus Nordwest ein starker Sturm,
geht die Turmuhr überm Dach
immer nach, immer nach.

Wenn der Sturm sich aber dreht,
von der andern Seite weht,
und man blickt zur Uhr empor,
geht sie vor, geht sie vor.

Bläst jedoch der Sturm voll Zorn
mal ganz anders: mal von vorn,
kann man an den Zeigern sehn,
sie bleibt stehn, sie bleibt stehn.

Wenn der Sturm sich aber legt
und kein Lüftchen sich bewegt,
und man schaut zur Turmuhr flüchtig,
geht sie richtig, geht sie richtig.

Noch zwei Tage und das Morgen hat vor 24 Stunden begonnen.

Dünne Luft

Ich sitz in fast viertausend Meter Höhe,
doch meine Stimmung ist so ziemlich down…
Die Luft ist dünn, das macht ganz schrecklich
müde –
den Zustand merken Sie an diesem Liede:
mir ist, als wär vor meinem Kopf ein Zaun…

Doch ohne Zaun klafft dicht vor mir ein Abgrund!
Ist er es wert, daß man ihn überhaupt erwähnt?!
Nun, ich schreib dies Gedicht hin als Etüde…
Die dünne Luft macht wirklich einen müde –
sogar der Abgrund gähnt…!

Die Pointe

Am meisten Freude macht es mir,
die Pointe zu verstecken
und dann zu sehen, wie es dir
gelingt, sie zu entdecken.

Wie dir beim Lesen erst der Mund
zuckt, dann der Augen Falten
sich tiefer graben, und –
du kannst nun nicht mehr an dich halten –
du lachst und lachst
und machst
mich damit froh!

So,
das wärs, was ich mit der »versteckten Pointe«
meine…

Doch lach noch nicht;
denn dies Gedicht
hat keine!

Freunde, hütet euch vor diesen,
die da husten, wenn sie niesen! ...

Ampeln

1

Wir hatten einst – die Zeit ist tot –
als Landesfarben Schwarz-Weiß-Rot.

Dann hat man sie nicht mehr gewollt,
und wir bekamen Schwarz-Rot-Gold.

Doch diese übersieht man fast
in unsrer Zeit voll Kampf und Hast.

Die Farben, die sich heute ziehn
durch unser Sein, sind Rot-Gelb-Grün.

2
Wenn wir uns ans Steuer setzen,
um zum Arbeitsplatz zu hetzen,
können wir nur höchstens schleichen,
denn uns hindern viele Zeichen.

Ganz besonders sind's die Ampeln,
die auch Radfahrer beim Strampeln
und selbst Fußgänger, die gemsen-
gleich hinüberwollen, bremsen.

Vom Direktor bis zum Penner
sind wir nichts als Ampelmänner!

3

Dort, wo eine Kreuzung droht,
hat man selten Grün, meist Rot.
Und so schön das Rot auch schien,
man ist diesem Rot nicht grün.

Doch wenn Grün kommt, und man kann,
hat der liebe Vordermann –
solche Fälle sind verbürgt! –
seinen Motor abgewürgt.

Bracht in Gang er endlich ihn,
und man kann, ist nicht mehr Grün.
Schuld ist vorne der » Idiot«! –
Bis man Grün hat, sieht man rot!

Bei glatter Straße muß man sechzehn geben – doppelt acht.

Der Stein

Fast wär vom Dach ein Ziegelstein
mir auf den Kopf geflogen,
jedoch »es hat nicht sollen sein«:
er machte einen Bogen.

Daß er das tat, ja, das war gut!
Doch hat der Fall bewiesen:
man sei beständig auf der Hut
und geh nie ohne diesen!

Die Mauritius

Herr Heinrich Franz von Ohnegleichen,
der sammelte gern Postwertzeichen
mit Zähnen und mit glatten Rändern
aus Übersee und andern Ländern
und klebte sie – alle vereinigt,
jedoch geordnet und gereinigt –
ins Album, wie man das so muß!
Nur fehlte die Mauritius!

Was hatte er nicht unternommen,
um diese Marke zu bekommen!!!
Ja, selbst als er der Minne frönte
mit Minna, die ihn arg verwöhnte,
so fragte er bei jedem Kuß:
»Hast du nicht die Mauritius«

Bald brachte beiden Adebar
ein Kind, das zwar ein Mädchen war,
doch Heinrich faßte den Entschluß:
»Die nennen wir Mauritius!
Gewiß, der Name paßt nicht recht

für'n Kind von weiblichem Geschlecht –
doch sei's! Zu End sei der Verdruß:
Ich hab eine Mauritius!« –

Sehr früh schon ging das Mädchen gern
in Bars, damit es tanzen lern
und dadurch körperlich erstarke!
Na, sie wurde vielleicht 'ne Marke – –

Will jemand eine Jungfrau frein, darf er nicht penibel sein.

Kennst du den Ort?

Kennst du den Ort, wo es stets muffig riecht?
Dir feuchte Kälte in den Anzug kriecht?
Wo stolze Flaschen stehen voll des Weins?
Wo Dosen dösen mit dem Schmalz des Schweins?
Wo Spinnen kunstgerecht die Wand »benetzen«,
und wo kein Stuhl ist, sich mal hinzusetzen?
Wo Kohlen frierend in der Ecke liegen?
Wo die Kartoffeln edle Keime kriegen,
die Waschmaschine wäscheharrend steht,
und wo des Wassers Haupthahn leise kräht?
Kennst du den Ort? O, Fremdling sprich!!
Du kennst ihn nicht? – Nun, aber ich!

Der Strohhut

Er hatte etwas blaues Blut
und Schmisse auf den Backen.
Der Strohhut aber stand ihm gut,
trug er ihn keck im Nacken.

Und tanzte er nach »In The Mood«,
stand er auf fremden Füßen.
Der Strohhut aber stand ihm gut,
nahm er ihn ab beim Grüßen.

Er sagte statt »Statut« – »Schdadut«,
er war nämlich aus Sachsen.
Der Strohhut aber stand ihm gut –
wie aus dem Kopf gewachsen.

Oben ohne

Natur ist immer dort sehr schön,
wo Bäume ihr zu Berge stehn,
und wenn der Wind behutsam leicht
wie'n Kamm durch diese Bäume streicht.

Doch wo die Berge kahl und steinig,
da ist nichts los! – Sei'n wir doch einig,
daß Schönheit meistens nicht viel zählt,
wenn's oben fehlt!

Fußball 1

Ein Lateiner sagte einmal: »Wer die Waden hat, braucht für den Sport nicht zu sorgen!« Womit zweifelsfrei bewiesen ist, daß man schon in alten Zeiten dem Fußballspiel gefrönt hat.
Glücklicherweise gibt es heute nur wenige, die für diese Sportart nichts übrighaben. Sie stehen abseits – und gerade das ist beim Fußball streng verboten! Man muß immer am Ball bleiben, immer hinter ihm herrasen. Deshalb zählt man den Fußballsport auch zu den Rasenspielen.
Aber wenn dieses schöne Spiel auch Fußball heißt, so darf man es nicht nur mit dem Fuß, sondern muß es auch mit dem Kopf spielen. Leider ist in der Regel diese Regel wenig bekannt, und wir wollen nur hoffen, daß bei unseren nächsten Länderspielen dieser vernachlässigte Körperteil wieder zu seinem Recht kommt.

Fußball 2

Vierundvierzig Beine rasen
durch die Gegend ohne Ziel,
und weil sie so rasen müssen,
nennt man das ein Rasenspiel.

Rechts und links stehn zwei Gestelle,
je ein Spieler steht davor.
Hält den Ball er, ist ein Held er,
hält er nicht, schreit man: »Du Tooor!«
Fußball spielt man meistens immer
mit der unteren Figur.
Mit dem Kopf, obwohl's erlaubt ist,
spielt man ihn ganz selten nur.

Zweifel

Nein, nicht jeder Filmakteur
treibt mit dem Talent Verschwendung,
und nicht jeder Fernsehstar
glaubt an sich und seine Sendung.

Mancher Ofen heizt die Luft
überm Haus und drinnen rußt er,
mancher wird ein Diplomat
und bleibt trotzdem nur ein Schuster.

Mancher Käptn, der zur See
schiffen möcht, kahnt auf der Weser,
mancher hadert mit dem Sein
und dem Ich. Und du, mein Leser?

Man macht gewöhnlich viele Worte,
wenn man nichts zu sagen hat.

Erkenntnis

Man hat vor Jahren festgestellt,
daß unsre liebe, schöne Welt,
auf der wir leben, nicht nur bunt ist,
nein, daß sie außerdem auch rund ist.
Und deshalb sind wir in der Lage –
sowohl bei Nacht als auch bei Tage –
von einer Erdhälfte zur andern
zu fliegen, schwimmen oder wandern,
was ganz unmöglich wär beileibe,
wär unsre Erde nur 'ne Scheibe.

Wodurch, wie ihr es sicher wißt,
auf Erden alles Schei-be ist!

Das Fenster

Es traf sich so, daß sie sich trafen.
Er fragte, ob – – –, sie sagte: »Nein,
es geht nicht, meine Eltern schlafen!«
Dann ließ sie ihn zum Fenster ′rein.

Es zog durchs Fenster… Nun, man schloß es…
Nun zog es nicht mehr… Man genoß es…

Doch als sie seufzte: »Liebster Gangster,
wir sind verlobt, jetzt bist du mein«,
da sprang er auf und schlug das Fenster
und dann den Weg nach Hause ein.

Bei Opa

Der Opa ist ein frommer Mann
und liest in seiner Bibel.
Die Oma schneidet nebenan
fürs Abendbrot die Zwiebel.
Der Opa ist ein frommer Mann
und weint ob seiner Sünden.
Auch Omama weint nebenan,
jedoch aus andern Gründen.

Der Berg

Hätte man sämtliche Berge der ganzen Welt
zusammengetragen und übereinandergestellt,
und wäre zu Füßen dieses Massivs
ein riesiges Meer, ein breites und tiefs,
und stürzte dann unter Donnern und Blitzen
der Berg in dieses Meer – – – na, das würd spritzen!

Gedanken am Samstagabend

Im Wasser schwimmt der Gummischwamm,
denn heut ist Samstag, und ich bade.
Zwei Zähne fehlen mir am Kamm,
es duftet laut nach Haarpomade. –

Das Wasser tropft ins Abflußrohr,
der Stöpsel scheint nicht gut zu schließen.
Ich habe Seife in dem Ohr
und Hühneraugen an den Füßen. –

Das Wasser ist schon stark getrübt,
nur mühsam wälzen sich die Fluten.
Ich bin seit vorgestern verliebt,
da hilft kein Blasen und kein Tuten. –

Keine Frau ist so schlecht,
daß sie nicht die bessere Hälfte
eines Mannes werden kann.

An Rolf

Du warst ein treuer Kamerad,
so treu, wie er im Buche steht.
Wir bummelten und spielten Skat,
dann wurden wir vom Wind verweht.

Dann wurden wir vom Wind verweht,
allein, ein Freund bliebst du mir nicht.
Ich wurde ja auch nur Poet,
du aber bist beim Amtsgericht.

Der Einsame

Einsam irr ich durch die Gassen,
durch den Regen, durch die Nacht.
Warum hast du mich verlassen,
warum hast du das gemacht?
Nichts bleibt mir, als mich zu grämen!
Gestern sprang ich in den Bach,
um das Leben mir zu nehmen;
doch der Bach war viel zu flach.

Einsam irr ich durch den Regen,
und ganz feucht ist mein Gesicht
nicht allein des Regens wegen,
nein, davon alleine nicht.
Wo bleibt Tod in schwarzem Kleide?
Wo bleibt Tod und tötet mich?
Oder besser noch: uns beide?
Oder besser: erst mal dich?

Ballade aus Estland

Im alten Schloß zu Wesenstein,
da soll es nachts ganz finster sein.
Warum's dort finster ist bei Nacht,
das hat noch keiner 'rausgebracht.

Und jede Nacht um Mitternacht
die Turmuhr laut zwölf Schläge macht.
Warum das grad um Mitternacht,
das hat noch keiner 'rausgebracht.
Ein Dichter, dem man's hinterbracht,
hat hieraus dies Gedicht gemacht.
Warum er dies Gedicht gemacht,
das hat noch keiner 'rausgebracht.

Luisenstraße 13

Luisenstraße dreizehn ist bloß ein graues Haus,
doch kriegen mich zehn Pferde nicht aus dem Haus
heraus! Scheint dort auch nie die Sonne und pfeift
durchs Dach der Wind, ich habe meine Gründe,
und diese Gründe sind:

Sie wohnt im dritten Stock, ich wohn
im vierten Stock, in einem Häuserblock
in der Luisenstraße. Sie ist 'ne
Tippmamsell, und ich bin Junggesell,
kann's wundern, daß ich schnell gleich
Feuer fasse?

Ich sitz dann abends in dem Zimmer
und wird's noch so spät, ich höre dann
ganz deutlich, wie sie unten schlafen
geht, bei sich im dritten Stock! Ich
wohn im vierten Stock, in einem
Häuserblock in der Luisenstraße.

Ein Mann kann eine Frau immer nur so weit bringen,
wie sie will.

Das Blümchen*

Im Walde ist ein Plätzchen,
ein Plätzchen wunderschön.
Beim Plätzchen steht ein Bänkchen,
das möcht ich wiedersehn.
Beim Bänkchen wächst ein Blümchen,
ein Blümchen, weiß und rot,
das möcht ich gerne pflücken;
denn morgen ist es tot.
Ich will's ins Wasser legen,
bis daß es fast ertrinkt,
und es so lange hegen,
bis Mutti sagt: »Es stinkt!«

*Dieses Gedicht »schrieb« der Autor mit sechs Jahren.

Partys sind die Kindergärten der Erwachsenen.

Der Vielaß

Ach, ein Unglück ohne Frage
ist das Essen, doch bei Tage
kann der Mensch nicht ohne dem
sein, und das ist unbequem.
Durch des Mundes enge Schleuse
zwängt mit Mühe man die Speise,
bis sie – klein und weich zerlutscht –
tiefer in den Magen rutscht.
Bald bemerkt man, nicht erheitert,
daß der Bauch sich stark erweitert,
und mit sauerem Gesicht
stellt man fest, daß das Gewicht
sich bedenklich hat verschoben
und zwar leidergotts nach oben.

Alles im Leben geht natürlich zu, nur die Hose geht natürlich nicht zu!

Überlistet

Wenn Blätter von den Bäumen stürzen,
die Tage täglich sich verkürzen,
wenn Amsel, Drossel, Fink und Meisen
die Koffer packen und verreisen,
wenn all die Maden, Motten, Mücken,
die wir versäumten zu zerdrücken,
von selber sterben – so glaubt mir:
es steht der Winter vor der Tür!

Ich laß ihn stehn!
Ich spiel ihm einen Possen!
Ich hab die Tür verriegelt
und gut abgeschlossen!
Er kann nicht 'rein!
Ich hab ihn angeschmiert!
Nun steht der Winter vor der Tür – – –
und friert!

Ein Ostergedicht

Wer ahnte, daß zum Weihnachtsfest
Cornelia mich sitzenläßt?

Das war noch nichts: zu Ostern jetzt
hat sie mich abermals versetzt!

Nun freu ich mich auf Pfingsten –
nicht im geringsten!

An einen Nichtschwimmer

Du kannst nicht schwimmen? Ah, deshalb kriegen
dich nicht Baldrian, nicht Kampfer
auf einen Dampfer!
Doch neulich hast du ein Flugzeug bestiegen!
Kannst du denn fliegen?…

Ausgefallenes

Man hat ganz oben auf dem Kopfe
viel tausend Poren, dicht bei dicht.
Und nun – das ist das Wunderbare:
aus diesen Poren wachsen Haare!!!
Oder auch nicht.

Rezept

Besitzt du Senkfüße, schluck Pillen,
und du bist platt: sie helfen gleich!

Auch gegen sonstige Bazillen
gebrauch nicht Fenchel und Kamillen!
Vergiß das Zeugs um Himmelswillen!

Des Menschen Pille ist sein Himmelreich!

Fußkranke und Bankdirektoren schwärmen von Einlagen.

Bin ich verliebt?

Gestern nacht war Wetterleuchten, und wir saßen an dem Strand, und die Wellen rauschten leise, und ich drückte ihr die Hand. Und dann wollt' ich etwas sagen, und ich sah ihr ins Gesicht, und da konnt' ich es nicht sagen, nein, ich konnt' es nicht!

> Bin ich verliebt? Vielleicht auch nicht!
> Vielleicht auch doch, kann sein, vielleicht!
> Warum vielleicht? Vielleicht bestimmt?
> Vielleicht auch nicht, vielleicht?

Jeden Morgen schmeckt mir der Kaffee ganz besonders fein, aber heute, weiß der Teufel, wollt' er gar nicht recht herein. Auch der Duft der Zigarette ist mir gar nicht angenehm, und in dem sonst weichen Bette schlief ich unbequem!

Der Einbruch

Durch das angelehnte Fenster
steigt der jugendliche Gangster* –
er will nämlich die Juwelen,
die im Nachttisch liegen, stehlen!

Schon zieht sacht er an der Lade – – –
da erwacht – und jetzt gerade! –
die Frau Gräfin aus dem Schlaf:
»Kommst du endlich, lieber Graf?«
flüstert sie und schlägt die Decken
ganz zurück… Voller Erschrecken
übern Anblick springt der Gangster
ohne Schmuck schnell aus dem Fenster* – – –!

Und er gibt sich das Versprechen,
nie wieder bei alten Damen
(auch mit adeligem Namen)
einzubrechen!

*Sollte jemand meinen, der Reim Fenster – Gangster sei nicht gut, so möchte ich hier unten ausdrücklich betonen, daß ich nie behauptet habe, er sei es!

An einen Schlagerkomponisten

Willst du Schlager fabrizieren,
weil so wenig existieren,
so ergreife deine Feder
oder auch den Blei entweder
und versuche zu notieren,
was gerade du ersannst.

Doch mußt du dich gegen wehren,
etwas Neues zu gebären;
denn nur das, was alt und mager,
wird ein sogenannter Schlager,
nach dem alles singt und tanzt.

Sieh dir deine Gattin an:
von den Frau'n lernst du behende,
wie du ältere Bestände
wieder aufarbeiten kannst . . .!

Manche Schlagertexter schreiben nur ab und zu; vor allem ab.

Trinklied

Wo bleibt heut bloß der Sonnenschein?
Liegt's an den Isobaren?
Ach, soll's doch ruhig trübe sein –
wir trinken unsern Klaren!

Warum die Zitronen sauer wurden

Ich muß das wirklich mal betonen:
Ganz früher waren die Zitronen
(ich weiß nur nicht genau mehr, wann dies
gewesen ist) so süß wie Kandis.

Bis sie einst sprachen: »Wir Zitronen,
wir wollen groß sein wie Melonen!
Auch finden wir das Gelb abscheulich,
wir wollen rot sein oder bläulich!«

Gott hörte oben die Beschwerden
und sagte: »Daraus kann nichts werden!
Ihr müßt so bleiben! Ich bedauer!«
Da wurden die Zitronen sauer...

Spätlese

Ich bin sehr krank
und geh zum Schrank.
Ich hol ein Glas
und fülle das
mit Moselwein.
Hm, der schmeckt fein:
Spätlese!

Ich bin genesen
und möchte lesen.
Ich hol mir was
und lese das
von abends acht
bis Mitternacht.
Auch 'ne Spätlese...

Winteranfang

Verblüht sind Dahlien und Ginster.
Die Rechnung steigt für Öl und Licht.
Die Nächte werden wieder finster.
Der Tag nimmt ab. Die Oma nicht.

Sommeranfang

Mit Frischem füllen sich die Keller.
Es sinkt der Öl- und Lichtverbrauch.
Die Nächte werden wieder heller.
Der Tag nimmt zu. Die Oma auch.

Leicht zu sagen

Du irrst, wenn du sagst, es sei leicht,
was Leichtes hinzuschreiben,
was lustig – aber nicht zu seicht –
die Sorgen hilft vertreiben.

Leicht ist, ich bitt dich zu verzeihn,
das sogenannte Ernste,
das braucht nicht angeborn zu sein,
das kannste bald, das lernste.

Die Kunst des Trinkens

Solange es uns Menschen gibt,
sind auch Getränke sehr beliebt –
ich meine hier natürlich nur
die alkoholischer Natur!

Den Wein, den hab ich übersprungen,
der wurde schon zu oft besungen –
und auch der Sekt! (Man reicht ihn Gästen
zum An- und Aufstoßen bei Festen.)

Wie selten aber steht vom Bier
etwas geschrieben, außer hier:
»Es schäumt das Glas mit edler Gerste,
und stets bekömmlich ist das erste!«

Doch gibt es außerdem Getränke,
den'n ich besondre Liebe schenke,
ich schätze fast seit der Geburt se:
das ist der Klare oder Kurze!

Wie wärmen sie an kalten Tagen
schön eisgekühlt den kalten Magen!!!
Wie spornen sie – als Geistgetränke –
den Geist an, daß er wieder denke!!!

Jedoch wie geistlos — sei'n wir offen! –
wird diese Köstlichkeit gesoßen!
Drum will ich, eh Sie einen heben,
hier schnell noch einen Ratschlag geben:

Wenn man das ganz genau so tut,
dann fährt man stets – auch Auto! – gut.

Fast eine Fastenkur

Alte Brötchen. Saure Weine.
Ein Salatblatt. Guß auf Beine.
Hunger nagt im Magen-Sektor.
Und er knurrt. Wie draußen Hektor.

Will nicht mehr gesund und schlank sein!
Will dann lieber dick und krank sein!

Kehrt zurück, ihr großen fetten
Schnitzel oder Schweinskotletten
und auch ihr, ihr Leibbeschwerden!

Bin es satt, nie satt zu werden!

Oben aß ich –
unten saß ich.

Kurz vor Schluß

Schön ist der Wein, bevor er getrunken,
schön ist das Schiff, bevor es gesunken,
schön ist der Herbst, solange noch Mai ist,
schön ist der Leutnant, solang er aus Blei ist.

Schön ist das Glück, wenn man es nur fände!
Schön ist dies Buch, denn gleich ist's zu Ende.

Der vertauschte Mantel

diesen Sketch spielte ich mit meinen Kollegen auf Tourne:

Personen:

Dr. Otto Wallner	Bruce Low
Liesl, seine Frau	Waltraut Diederichs
Willi Ebner	Heinz Erhardt
Zunzi	Undine v. Medvey
Frl. Ganz, Sekretärin bei Wallner	Katherina Bäumer

Bühnenbild:

Gemütliches Wohnzimmer, Telefon,
1 Tisch, 2 Stühle

Otto: (tritt vor den Vorhang) … Und nun stellen Sie sich vor: ich komme nichts ahnend nach Hause, betrete das Wohnzimmer und sehe über dem Stuhl – nein, bitte sehen Sie sich das mal an, wie das war! (verschwindet hinter dem Vorhang)

Vorhang auf

Die Bühne bleibt einen Moment leer, dann tritt Otto auf und ruft:

Otto: Liesl! – Fräulein Ganz!

Frl. Ganz: (auf) Sie haben geläutet, Herr Doktor?

Otto: Ja! – Wo ist meine Frau?

Frl. Ganz: Ihre Frau hat sich hingelegt.

Otto: Was, jetzt nachmittags um vier? (sieht über dem Stuhl den Trenchcoat) Was hat mein Trenchcoat hier zu suchen?

Frl. Ganz: Weiß ich nicht! Ich hatte ihn im Vorzimmer hingehängt. Wahrscheinlich hat ihn ihre Frau da hingelegt.

Otto: So, meine Frau hat ihn (greift entsetzt nach dem Mantel) Ach, du lieber Himmel! (sucht in den Taschen) Der Brief ist weg!

Frl. Ganz: Haben Sie was verloren?

Otto: Ja, den Verstand!

Frl. Ganz: Was bitte?

Otto: Nichts Besonderes! – Sie können gehen! (Frl. Ganz ab) Der Brief ist weg! – Das hat mir gerade noch gefehlt! (Sieht das Telefon, es kommt ihm ein Gedanke, wählt eine Nummer, spricht, ab und zu ängstlich nach hinten blickend) Hallo Willi? Ja, Gott sei Dank, hör mal, Du mußt mir einen großen Gefallen erweisen! – Du gehst sofort zu Kempler in die Königsstraße und kaufst Dir einen Trenchcoat, genau so einen, wie ich ihn vor 3 Wochen dort gekauft habe! Der Verkäufer, Bauer heißt er, kennt mich. Sag ihm, Du möchtest genau den gleichen Mantel haben, den ich vor 3 Wochen bei ihm gekauft habe.

Da hingen noch eine Menge von der Sorte … Was? – Wozu ich zwei gleiche Mäntel brauche? – Ach Mensch, der eine Mantel gehört doch Dir!… Was heißt, Du brauchst keinen Mantel? Paß mal auf! Meine Frau hat nämlich in meinem Mantel einen Liebesbrief gefunden… einen Liebesbrief!!! – Von wem? Von einem Ringkämpfer, Du Trottel! Lach nicht so blöd, paß lieber auf! Du ziehst den Mantel an, kommst hierher und sagst folgendes… Nein, noch besser: nimm Dir ein Stück Papier, einen Bleistift und schreib Dir alles schön auf, was ich Dir jetzt sage!… Hast Du alles da? Also –

Frl. Ganz: (tritt auf, sieht den Mantel, auf dem Otto sitzt und will ihn fortnehmen)

Otto: (spricht weiter) Also Du sagst… (zu Frl. Ganz) Was ist denn los? Machen Sie, daß Sie rauskommen! (Ins Telefon) Nein, Du sollst das nicht sagen, ich habe das gerade gesagt…

Frl. Ganz: Ich wollte nur den Mantel…

Otto: (zu ihr) Ich brauche jetzt keinen Mantel! (ins Telefon) Doch ja! Natürlich brauche ich den Mantel!!! Das war nur hier, weil… (zu Frl. Ganz) Sie machen mich ganz nervös! Machen Sie, daß Sie rauskommen!

Frl. Ganz: (ohne Mantel ab)

Otto: (ins Telefon) Nein, bleib da! Das galt doch gar nicht Dir! Das galt doch dem Fräulein Ganz! Wieso? Wieso kannst Du nicht mehr durchblicken? – Aber die Sache ist doch sonnenklar! Du gehst zu Kempler in die Königsstraße, kaufst den Regenmantel, ziehst ihn an, kommst hierher und sagst folgendes: Entschuldige, Otto, daß ich störe – aber nein, natürlich störst Du nicht!!! Du sollst das nur sagen!… Ja!… Also: entschuldige, daß ich störe, aber wir haben gestern nachmittag nach dem großen Regen im Klub unsere Mäntel vertauscht… Nein, nicht eingetauscht!

Vertauscht! Verwechselt!... Ja... warum nicht gleich so!... Paß auf! Meine Frau soll nämlich glauben, Du seist ein großer Frauenliebling, ein (sucht nach dem Ausdruck) ein bel ami!... Was ist denn mit Dir los?... Was heißt wau-wau – Warum bellst Du denn?... Ach Mensch: bel ami... bel ami, wie dieses Lied: (singt) Du hast Glück bei den Frauen, bel ami... nee, singen brauchst Du das nicht... Ach nee, hast Du wirklich alles verstanden? Oh, was bist Du klug!... Du Willi, jetzt tu mir den einundzwanzigsten Gefallen und beeile Dich! Es brennt!... Nein, nicht die Feuerwehr alarmieren!... Es brennt, es eilt! – Ja, ja, nimm Dir einen Wagen!!! Tschüß! (Hängt den Hörer auf)
Ach, ach, wenn das man gut geht!
Wenn der Willi das bloß richtig macht!!!

Liesl: (hustet hinter der Szene)

Otto: Meine Frau! (nimmt eine Zeitung, setzt sich hin, liest und singt)

Liesl: (auf) Du singst?

Otto: (mit gespielter Überraschung) Liesl! – Da bist Du ja! – Das ist aber schön! – Hab ich Dich gestört?

Liesl: Nein, mich kannst Du nie mehr stören!

Otto: Oh, Du bist aber heute nicht sehr freundlich zu mir! Fehlt Dir vielleicht was!

Liesl: Ach nein, nichts!

Otto: (geht zu ihr) Aber Liebling, gib es doch zu! – Du hast Kopfschmerzen oder so was ähnliches, nicht wahr? Armes Kind, sowas kann sehr weh tun... Das kommt vom Wetter!

Liesl: (laut) Woher kommt das?

Otto: Vom Wetter! – Sieh mal, dieser plötzliche Witterungsumschlag, da kriegt eben so ein kleines Köpfchen Kopfschmerzen (will ihr über das Haar streichen)

Liesl: Laß das!

Otto: Also bitte, was ist denn eigentlich los?

Liesl: Du Schuft!

Otto: Was heißt das?

Liesl: Brief!

Otto: Brief? – Was heißt Brief?

Liesl: Gestern hast Du doch Deinen Trenchcoat angehabt, nicht wahr?

Otto: Ja, hätte ich vielleicht bei dem Regen eine Tennishose anziehen sollen? Schließlich ist ja so ein Trenchcoat dafür da, daß man ihn bei Regenwetter anzieht!

Liesl: Und daß man Liebesbriefe in seine Taschen steckt?! Da! (gibt ihm den Brief)

Otto: Was ist das? Ein Liebesbrief? (lacht)

Liesl: Da lachst Du auch noch?

Otto: Naja, was soll ich weiter machen? (liest) »Mein liebes kleines Foxl… (lacht weiter) Mein liebes kleines...« Das ist ja ein komischer Brief!
– Du glaubst doch nicht etwa, daß ich der Hund bin?! (liest) »Wie entzückend warst Du heute nachmittag, schon im Kino warst Du so voll Ungeduld, daß

Du das Ende des Films gar nicht mehr erwarten konntest, sondern mich gleich fortgeschleppt hast. Ich küsse Deinen gefühlvollen Mund und erwarte Dich Dienstag, wie gewöhnlich. Deine dumme, verliebte kleine Zunzi.« Wie kann ein Mensch bloß Zunzi heißen?

Liesl: (reißt ihm den Brief aus der Hand) Unerhört!

Otto: Ich kann ja verstehen, daß Du eifersüchtig bist, und ich verzeihe Dir ja auch –

Liesl: Du mir?!

Otto: Aber Liebling… Also gut, ich stelle fest, Du hast in meinem Mantel einen Liebesbrief gefunden. Ich habe nur keine Ahnung, wie er da hineingekommen ist!

Liesl: Ach!

Otto: Aber Liebes, weshalb hätte ich Dich denn betrügen sollen?!

Liesl: Wahrscheinlich, weil Du mit mir verheiratet bist!

Otto:	Also bitte, ich ersuche Dich jetzt allen Ernstes –
Liesl:	Reg Dich nur nicht künstlich auf! – Du Schlepper!
Otto:	Schlepper? Was ist denn das? Aber Liebling, sei doch vernünftig, laß uns doch wieder vertragen!
Liesl:	Nein, nicht eher, bevor diese Sache klargestellt ist! (ab)
Otto:	(geht ihr nach) Hoffentlich kommt bald der Willi… (ihr nach)
Frl. Ganz:	(mit Willi auf) Bitte hier nur einzutreten!
Willi:	(hat einen Trenchcoat an, außerdem einen alten Mantel über dem Arm)
Frl. Ganz:	Wollen Sie Herrn oder Frau Dr. Wallner sprechen?
Willi:	Ja, bitte sehr!
Frl. Ganz:	Wie bitte?
Willi:	Ja, das ist ziemlich egal.
Frl. Ganz:	Wollen Sie nicht ablegen?
Willi:	Nein, den Mantel muß ich anbehalten.
Frl. Ganz:	Und den anderen? (deutet auf den Mantel über dem Arm)

Willi:	Nee, das ist der, in dem ich nachher wieder nach Hause gehen werde!
Frl. Ganz:	Das wird Ihnen aber zu heiß werden!
Willi:	Ja, das fürchte ich auch! Ich kann aber darauf keine Rücksicht nehmen, Herr Dr. Wallner hat nämlich bei mir angerufen und mir gesagt, daß sein Mantel mein Mantel sei. – Haben Sie das verstanden?
Frl. Ganz:	Nein!
Willi:	Ich auch nicht! – Aber da Sie gerade hier rumstehen, können Sie beides ja mit hinausschleppen! (gibt ihr Hut und Mantel)
Frl. Ganz:	Bitte schön! (geht ab. Willi sieht ihr nach, und wie er dem Publikum den Rücken zudreht, bemerkt man das hinten hängende Preisschild)
Liesl:	(auf mit Koffer und Buch) Ach Willi, Sie sind hier?
Willi:	Ja! Oh, was sehe ich, Sie verreisen?
Liesl:	Ja!
Willi:	Wohin denn?

Liesl:	Das weiß ich noch nicht!
Willi:	Da soll es ja sehr hübsch sein!
Liesl:	Halten Sie doch bitte mal! (gibt ihm das Buch)
Willi:	Störe ich quasi?
Liesl:	Aber nein, es freut mich aufrichtig! – Aber nehmen Sie doch Platz!
Willi:	Danke! (liest im Buch)
Liesl:	(öffnet den Koffer) Darf ich um das Buch bitten?
Willi:	Ja, das kenne ich auch schon! (gibt es ihr)
Liesl:	Wie geht es Ihnen?
Willi:	Soso-lala!
Otto:	(auf) Willi! – Da bist Du ja! (schüttelt ihm überfreudig die Hand) Das ist aber nett, daß Du Dich wieder mal bei uns sehen läßt!
Willi:	Du hast ja bei mir angerufen. (auf)
Otto:	(Stößt ihn in die Rippen) Das ist aber eine Überraschung! – Aber setz Dich doch!
Willi:	Nee, ich hab schon gesessen!

Liesl: Willi, so nehmen Sie doch Platz. Und ziehen Sie Ihren Mantel aus.

Willi: (setzt sich) Janein. – Des Mantels wegen weile ich ja ursächlich hier.

Otto: (zu Willi) Hast Du an Deinem Mantel gar nichts bemerkt? (reißt dreimal verstohlen am Etikett, beim 3. Mal reißt er es los und zeigt es Willi) Komm, nun fang schon an!

Willi: (nimmt einen Zettel aus dem Mantel) Das war so: Gestern, nach dem großen Regen, waren Otto und ich in den Klub gegangen, Komma.

Otto: (stößt ihn an)

Willi: Und dort haben wir unsere Mäntel vertauscht. Machen Sie, daß Sie rauskommen!

Liesl: Was sagen Sie da?

Otto: Na und weiter?

Willi: Ja, nun trägt Otto meinen Mantel, und ich trag seinen. (lacht albern)

Liesl: (springt freudig auf) Der Brief!

Willi: (springt erschreckt mit auf)

Otto: Ach, so ist das? Es wird mir so manches klar!
Also bitte, Liesl, was sagst Du jetzt?

Liesl: (erfreut) Wirklich, Otto, das hätte ich nie gedacht!

Otto: Ich auch nicht! (beide fassen sich an den Händen und schunkeln)

Willi: Was gibt es denn da zu schaukeln? – Ich habe den Mantel gekauft.

Otto: (stößt ihn)

Willi: Und vertauscht! Erst gekauft und dann vertauscht. Das kann ja mal vorkommen!

Otto: Das sage ich doch schon die ganze Zeit!
– Das kann ja schließlich jedem mal passieren! (beide lachen, zu Willi) Aber weißt Du, daß das beinahe sehr böse ausgegangen wäre?

Willi: (sieht auf den Zettel) Wieso? Das habe ich gar nicht hier drauf !

Otto: (stößt ihn) Willi, Willi! Das nächste Mal bist Du etwas vorsichtiger, nicht wahr? Vor allem vergiß keinen Liebesbrief in den Taschen Deines Mantels!

Willi: Was denn für einen Liebesbrief?

Otto: (eindringlich) Wir haben doch in der Tasche Deines Mantels einen Liebesbrief gefunden!

Willi: Ach ja, ich entsinne mich finster!

Otto: (wie oben) Von der Zunzi!

Willi: Wie heißt die Dame?

Otto: Zunzi!

Liesl: (überreicht Willi den Brief) Bitte, er gehört Ihnen!

Willi: (nimmt ihn) Jetzt schäme ich mich einigermaßen.

Liesl: Nein, ich schäme mich, weil ich ihn ohne jede Berechtigung gelesen habe. Aber keine Angst, ich bin verschwiegen, obgleich ich auf Ihre Zunzi ganz besonders neugierig bin. Das muß ja eine entzückende Freundin sein!

Otto: Das kann man wohl sagen!

Liesl: Woher weißt Du denn das?

Otto: Ich? Oh, der Willi ist bekannt dafür! Er hat immer einen guten Geschmack gehabt!

Liesl:	Der Willi?
Otto:	Jaaa, er ist ein bel ami!
Willi:	Ach, jetzt kommt das!?!
Otto:	(macht ihm Zeichen, Willi erschrickt)
Liesl:	Was hat er denn? – Es würde mich wirklich interessieren, sie kennenzulernen. Ich möchte sehen, wie so ein kleines Mädel aussieht, das man ungeduldig aus dem Kino fortschleppt!
Willi:	Aus was für einem Kino denn?
Otto:	Aber Willi, nun leugne doch nicht länger! Das steht doch alles drin in dem Brief!
Willi:	Ach so, den habe ich ja noch nicht gelesen! (alle lachen)
Liesl:	Sagen Sie, Willi, wann treffen Sie sie wieder?
Willi:	(sieht fragend auf Otto, der, um den Dienstag anzudeuten, hinter Liesls Rücken zwei Finger hochhebt) Am zweiten – zweimal am Tag zwei Minuten vor 2 –

Liesl: (sieht sich verwundert nach Otto um und bemerkt dabei seine Spielastik. Otto tut, als ob er eine Mücke fängt, sie zu Boden wirft und sie tot tritt) Was soll denn das?

Otto: Tot!

Liesl: Sei nicht so albern!

Willi: (auf den Boden zeigend) Hier hockt noch eine!

Liesl: Also Willi, wann treffen Sie sie wieder?

Willi: (versteht Ottos Zeichen nicht) Er spricht so leise!

Liesl: Wer?

Willi: Am Freitag, sagen wir mal.

Liesl: In dem Brief steht aber Dienstag!

Willi: Das ist es ja eben! Der Dienstag ist ihr Freitag! – Da hat sie frei - am Dienstag!

Liesl: Sagen Sie, wie sieht sie eigentlich aus?

Otto: (zeigt mit der Hand bis zum Hals, um ihre Größe anzudeuten)

Willi: Sie hat's im Hals – sie steht mir bis zum Hals – sie geht mir bis zum Hals –

Liesl: Was für ein Typ ist sie? Ist sie schwarz?

Willi:	Nein, sie ist eine Weiße!
Liesl:	(lachend) Ich meine, ist sie groß oder klein?
Otto:	(zeigt durch Kniebeuge ihre Kleinheit an)
Willi:	Sie hat krumme Beine!
Otto:	(ringt die Hände)
Willi:	Und sie ringt immer so die Hände! (kriegt die Finger nicht auseinander)
Liesl:	Was ist sie denn von Beruf?
Otto:	(macht springende Tanzbewegungen)
Willi:	Springerin!
Liesl:	Was?? – Ach so, Springerin im Weitsprung?
Otto:	(macht wieder Tanzbewegungen)
Willi:	Nein, im Seitensprung!
Otto:	(rudert mit den Händen)
Willi:	Und sie schwimmt!
Otto:	(klettert verzweifelt am Vorhang hoch)
Willi:	Und dann klettert sie immer so hoch!
Otto:	(hüpft immer verzweifelter umher)
Willi:	(hüpft mit, bis er verzweifelt auf einen Stuhl sinkt)

Otto:	(eilt zu ihm und umarmt ihn tröstend) Nun quäl doch den armen Jungen nicht so! Du kannst die Menschen aber auch wirklich fertigmachen!
Liesl:	Laß mich doch! Ich habe doch Verständnis für sowas!
Otto:	Ja, Dein Verständnis kenne ich! Willi, ich habe leider keine Zeit mehr, gib mir doch bitte meinen Mantel wieder!
Willi:	(zieht den Mantel aus) Da! – Hoffentlich paßt er Dir!
Otto:	(stößt ihn an) Warum soll mir denn mein Mantel auf einmal nicht mehr passen?
Willi:	Ja nicht? – Was soll die Frage?!
Otto:	Du redest manchmal ein Zeug zusammen. Hier hast Du Deinen Mantel! (gibt ihm den, der auf dem Stuhl lag) Na, Liesl, ist alles wieder in Ordnung?
Liesl:	Ja natürlich!
Otto:	Gott sei Dank ! Willi, besuche uns recht bald wieder!
Willi:	Ja, wenn Du wieder mal'n Mantel brauchst!

Otto:	Also, komm nur, wann Du Lust hast!
Liesl:	Aber nur nicht am Dienstag!
Willi:	Warum denn nicht am Dienstag?
Liesl:	Na, der gehört doch der Zunzi!
Otto:	Ach ja, richtig!
Liesl:	Was geht Dich denn das an?
Otto:	Oh, das geht mich – gar nichts an!
Liesl:	Entschuldigt mich mal einen Moment! Ich muß mal nach dem Essen schauen! (ab)
Willi:	Wie ist denn eigentlich die Zunzi?
Otto:	Ach, Zunzi ist süß! Nur manchmal, da geht ihr ungarisches Temperament mit ihr durch!
Willi:	Joj, joj, joj!
Otto:	Dann kriegt sie furchtbare Eifersuchtsanwandlungen! Wenn die eine Ahnung hätte, daß ich verheiratet bin – sie würde mich glatt umbringen!
Willi:	Das wäre keine schlechte Lösung! – Sie weiß also nicht, daß Du eine Frau hast?
Otto:	I bewahre! Im Gegenteil, sie hofft doch, daß ich sie eines Tages heiraten werde!

Willi: Ach, du mein lieber mon bien! Wenn das rauskommt, bist Du aber drin, was?

Otto: Nun mal bloß nicht den Teufel an die Wand!

Willi: Nein, ich kann ja gar nicht mahlen! – Ich bin ja kein Müller!

Otto: Willi, Mensch, jetzt fällt mir was ein! Mir kann ja gar nichts passieren! – Nein, mir kann gar nichts passieren! Sie weiß ja gar nicht meinen richtigen Namen! (beide lachen herzhaft)

Willi: Du Schelm! Unter welchem Namen hast Du Dich denn vorgestellt?

Otto: Unter Deinem

Willi: (plötzlich ernst) Das verbitte ich mir!

Otto: Aber warum denn?

Willi: Das verbitte ich mir sogar ganz verschieden!

Otto: Das ist doch bei uns schon beinahe Tradition!

Willi: Ach was, Tradition!

Otto: Willi, ich habe mir doch früher immer Deinen Namen ausgeliehen!

Willi: Ich bitte Dich jetzt ein für allemal, das von jetzt ab zu hinterlassen!

Otto: Was kann Dir das schon schaden?

Willi: Was kann mir das schaden? Mein Name wird abgenützt! – Ich lasse mich nicht mehr länger von Dir terrorasieren!

Otto: Was ist denn plötzlich los?

Willi: Otto, schäme Dich vor Deiner Frau! Sie ist ein Engel! Eine Elfe! Eine Zwölfe!

Otto: (äfft ihn nach) Elfe, Zwölfe!

Willi: Was bist Du denn so albern?

Otto: Ach was!

Willi: Du hättest schon längst mit der Zunzi…

Otto: Ich weiß, schon längst hätte ich Schluß machen sollen… (Telefon) Ja, hallo? – Die Zunzi!!! (gibt Willi den Apparat) Sprich Du mit ihr! Sie ist doch Deine Freundin!

Willi: (während er in der Zerstreuung den Hörer in die Hosentasche steckt) Nee, sprich Du mit ihr! Du kennst sie…

Otto: (lacht, nimmt den Apparat, sucht den Hörer) Wo ist denn der Hörer?

Willi: (zieht ihn aus der Tasche) Da ist er ja! – Und ich denke immer, wer spricht da unten!…

Otto: (ins Telefon) Nein, Zunzilein, Du irrst Dich ganz gewaltig, ich bin hier bei einem Freund wirklich, ich bin bei einem Freund!

Willi: Gib mal her (nimmt den Hörer) Zunzilein, ich bin sein Freund! Ich bin Willi Ebner!

Otto: (will ihm den Hörer entreißen) Um Gotteswillen, das bin ich doch!!!

Willi: Nein, ich habe mich geirrt – er ist da ja heute – ich bin heute ganz verstreut.

Otto: (hat den Hörer genommen) Aber Zunzilein, wer erzählt Dir sowas?! Ach wo, das stimmt doch alles nicht! – Du! – mach keine Dummheiten! – nein, nein!!!

Willi: Was ist denn?

Otto: Nein, nicht vom 4. Stock herunterspringen!!!

Willi: Sie ist doch eine Springerin!

Otto:	Aber das Haus hat doch nur 3 Stockwerke!
Willi:	Vielleicht hat man inzwischen aufgestockt?
Otto:	(zu Willi) Ach was! (ins Telefon) Warte noch einen Augenblick! Ich komme gleich hin zu Dir! (hängt auf) Jetzt ist die Katastrophe da!
Willi:	Was für 'ne Katastrophe?
Otto:	Denk Dir, sie hat einen Detektiv beauftragt!
Willi:	Deine Frau?
Otto:	Ach Unsinn, die Zunzi!
Willi:	Da kann ich nur sagen » joi-joi«!
Otto:	Sie hat nämlich rausgekriegt, daß ich sehr oft mit einer fremden Frau in einer fremden Wohnung zusammentreffe!
Willi:	Aber das stimmt doch gar nicht!
Otto:	Natürlich stimmt das!
Willi:	Wieso, hast Du denn noch eine?
Otto:	Natürlich nicht!
Willi:	Welche Wohnung meint sie dann denn – denn dann ?

Otto:	Hier! – Meine eigene!
Willi:	Wieso ist die fremde Wohnung Deine eigene?
Otto:	Und sowas schläft in einem Bett! – Also paß auf! Sie hat noch keine Ahnung, daß dieser Dr. Wallner, ich –
Willi:	Ja, das bist Du!
Otto:	– daß dieser Dr. Wallner, dessen Schild unten am Hause hängt –
Willi:	Ach, Du hast ein Schild unten am Hause hängen?
Otto:	Natürlich habe ich als Bürger ein Schild am Hause hängen!
Willi:	Dann bist Du ja ein Schildbürger!
Otto:	Nun hör doch endlich mal aufmerksam zu! Sie hat doch keine Ahnung, daß dieser Dr. Wallner, dessen Namen und Telefonnummer sie höchstwahrscheinlich von dem Detektiv erfahren hat – daß der mit mir identisch ist!
Willi:	Ja, das ist ja toll!
Otto:	Hast Du mich verstanden?
Willi:	Nee!

Otto: Jetzt glaubt sie doch, daß ich mit meiner eigenen Frau ein Verhältnis habe!

Willi: Pfui Deiwel! – Ja wieso? Du kannst doch mit Deiner Frau ein eigenes Verhältnis haben!

Otto: Verstehst Du denn immer noch nicht?

Willi: Das kommt alles so plötzlich…

Otto: Junge, Junge! (schreit) Jetzt glaubt sie, daß Willi ein Verhältnis mit Frau Wallner hat!

Willi: Schrei doch leiser, ich bin ja nicht blind!

Otto: (resigniert) Also hör zu! Sie bildet sich ein, daß Du ein Verhältnis mit meiner Frau hast!

Willi: Das wär schön!

Otto: Waaas?

Willi: Das wär ja noch schöner! – Ach was, ich mach jetzt Schluß mit der Zunzi! Mit mir auch! Ich häng mich nieder – ich schieß mich auf! Ich werf mich hinter den Zug!!! – (Beide zu verschiedenen Seiten ab) (Lärm hinter der Szene)

Frl. Ganz: Wen darf ich melden?

Zunzi: Niemand! Ich will die Frau des Hauses sprechen! Unter vier Augen!

Frl. Ganz: Bitte sehr!

Zunzi: (auf) Das ist mir noch nicht passiert, sowas!

Liesl: (auf) Sie wollen mich sprechen? Mit wem habe ich das Vergnügen?

Zunzi: Wenn ich Ihnen meinen Namen nenne, wissen Sie auch nicht mehr. Ich bin nämlich wegen Willi gekommen!

Liesl: Ach, Frl. Zunzi?

Zunzi: Sie kennen meinen Namen? – Dann wissen Sie wohl auch, daß ich Willis Freundin bin?

Liesl: So ungefähr!

Zunzi: Nicht so ungefähr! Ich bin offiziell, sozusagen gesetzlich seine Freundin!

Liesl: Und warum sagen Sie mir das alles?

Zunzi: Weil ich weiß, daß Willi Sie liebt!

Liesl: So? Woher wissen Sie das?

Zunzi: Ich habe ihm nachspionieren lassen! – Ich weiß, daß Willi seine ganze freie

Zeit hier bei Ihnen verbringt! – Er wohnt ja beinahe hier! Er ißt hier, er trinkt hier, vielleicht badet er sogar hier!

Liesl: Nun ist es aber genug! – Nehmen Sie Ihren Willi! Behalten Sie ihn, und werden Sie mit ihm glücklich! (geht zur Tür) Willi!!! Eine Dame will Sie dringend sprechen!

Willi: (auf) Guten Tag!

Liesl: Bitte, hier ist Ihre Zunzi!

Zunzi: Waas? Das ist doch –

Liesl: Nun tun Sie bloß nicht so, als hätten Sie sich im Leben noch niemals gesehen!

Willi: (hüpft auf Zunzi zu) Zunzili!!!

Liesl: Erledigen Sie Ihre Angelegenheiten unter vier Augen! Ich will zwei liebende Herzen nicht voneinander trennen! (ab)

Willi: (nach einer Pause) Mahlzeit!

Zunzi: (erschlagen) Mahlzeit!

Willi: Also Sie sind die Zunzi!

Zunzi: Und wer sind Sie?

Willi: Ich bin Ihr Freund!

Zunzi: Aber ich habe Sie ja noch nie im Leben gesehen!

Willi: Das macht nichts! Ich habe jetzt keine Zeit für Erklärungen! Die Dame da drinnen muß glauben, daß Sie meine Freundin sind. Können Sie mir geistig folgen?

Zunzi: Nein!

Willi: Das dachte ich mir! Ich – ich bin Willi Ebner! Wenn Ihr wirklicher Freund hier hereinkommt, dann dürfen Sie ihn nicht kennen! Dann ist er für Sie Luft – verdünnter Äther!

Zunzi: Aber mein wirklicher Freund ist doch Willi Ebner!

Willi: Ach, papperlapapp! – Ihr wirklicher Freund ist der Gatte dieser Dame da drinnen! Er hat sich Ihnen nur unter meinem Namen vorgestellt!

Zunzi: Waas? – Oh, er hat mich betrogen! Er hat mir was vorgelogen! So ein

Schuft, Schuft, Schuft! (stampft mit den Füßen)

Willi: So, und jetzt spielen wir mal was anderes! Sie müssen jetzt zärtlich zu mir sein! Sie müssen mich umarmen, küssen, loslassen, wieder küssen, wieder loslassen, damit die Dame denkt –

Zunzi: Ich werde Sie nicht umarmen, küssen und wieder loslassen –

Willi: Doch, das müssen Sie machen! Ich schenke Ihnen auch was!

Zunzi: Was denn?

Willi: ‘n paar Felle!

Zunzi: Was für Felle?

Willi: Niagarafelle –

Zunzi: Und wann bekomme ich die Felle?

Willi: Morgen auf alle Fälle! – So, nun wollen wir mal proben! Seien Sie zärtlich!

Zunzi: Bitte, wie Sie wollen! (parodistisch) Mein einzig Geliebter! Verlasse mich nicht!

Willi: (immer ängstlich um sich blickend) Leiser!

Zunzi:	(leiser) Geh nicht fort von mir! Hab ich das verdient für meine Tage und Nächte?!
Willi:	Lauter!
Zunzi:	Lauter Nächte! - Für meine Unschuld, die ich Dir geopfert habe?!
Willi:	Nicht übertreiben! – Sie kommt!!!
Zunzi:	(sich steigernd) Du, gib acht! Wenn Du mich verläßt, spring ich aus dem Fenster! Hilfe, Hilfe!!!
Liesl:	(stürzt herein) Aber Fräulein Zunzi! Machen Sie doch keine Dummheiten!
Zunzi:	Ich kann nicht leben ohne ihn!
Liesl:	Das sollen Sie auch nicht! – Willi, ich hoffe, Sie wissen, was Sie zu tun haben! Ich war ungewollt der Grund zu dieser Szene – ich will alles wieder gut machen! Geben Sie mir Ihre Hand, Frl. Zunzi!
Zunzi:	(reicht ihr die Hand)
Liesl:	Sie auch, lieber Willi!
Willi:	(reicht die falsche)
Liesl:	Die andere! – So Kinder, versöhnt Euch – küßt Euch!

Zunzi:	(springt Willi um den Hals) Mein Geliebter!
Otto:	(auf) Was ist denn hier los?
Liesl:	Gestatte, daß ich Dir vorstelle: Frl. Zunzi, Willis Braut!
Otto:	Häääh! (fällt in einen Stuhl)
Zunzi:	(zu Otto) Sehr angenehm, Herr Doktor!
Willi:	Na, Otto, bin ich nun ein bel ami? – Ich habe ja schon immer für Ungarn geschwärmt, nicht wahr? Joj, joj, joj! (tanzt mit Zunzi 16 Takte ungarisch)

Vorhang

Letzte Bitte

Der Tag geht nun zur Neige
und leise kommt die Nacht.
Ich danke dir für alles,
was du für mich gemacht.

Du hast mich stets getröstet,
wenn mir was nicht geglückt,
und hast so oft aus Liebe
ein Auge zugedrückt.

Jetzt geht mein Weg zu Ende.
Und leg ich mich zur Ruh,
so falte meine Hände,
und dann nimm deine Hände:
drück beide Augen zu…

Ganz zuletzt

O wär ich
der Kästner Erich!
Auch wäre ich gern
Christian Morgenstern!
Und hätte ich nur einen Satz
vom Ringelnatz!
Doch nichts davon! – Zu aller Not
hab ich auch nichts von Busch und Roth!
Drum bleib ich, wenn es mir auch schwer ward,
nur der Heinz Erhardt…

Auf Wiedersehen

Es gibt so viele Abschiedslieder,
man hört im Funk sie immer wieder.
Meistens singt sie ein Tenor,
mal singt er mit, mal ohne Chor.
Ich hab ein wenig nachgedacht
und auch so'n Abschiedslied gemacht:

Lebe wohl, adieu, auf Wiedersehn,
addio, tschüs, na denn, gehab dich wohl!
Nu hau schon ab, viel Glück, bleib gesund,
ade, mach's gut, bis bald, Mahlzeit, Moin!
Arrivederci, au revoir, bye – bye,
bis zum nächsten Mal und proschzschai!

… und jetzt fehlt nur noch das Zitat vom Götz

Ein Nachruf

Du warst ein Musiker und Dichter,
ein Maler und Kaninchenzüchter;
doch trotzdem war's dir nicht gegeben,
den eignen Tod zu überleben. –

Wir wollen nur das eine hoffen:
du hast es oben gut getroffen!

Zum Schluß

Doch nun wär' es besser, wenn ich
endlich enden würde, denn ich
seh' es schon an euren Augen,
daß mit Müh' nur ich könnt saugen
auf in euch die Geistesblitze,
welche durch die schmale Ritze
meiner Feder bläulich fließen.
Also gut, ich will jetzt schließen.
Pegasus, hau ab, geh äsen! –
Und auf frohes Wiedersehen.

Das Gedicht

Ich könnte gern noch ein Gedicht* in dieses Büchlein schreiben; doch weil es mir an Zeit gebricht, auch küßt mich meine Muse nicht, drum laß ich's lieber bleiben.

n

*Weitere Gereimt- und Ungereimtheiten finden Sie in den Büchern:

Klassisches aus heiterem Himmel
Satierliches und himmlischer Käse

und für Kinder und alle die es geblieben sind in den bunten Bilderbüchern:

Warum die Zitronen sauer wurden
Es war einmal ein buntes Ding
Flog ein Spatz spazieren

Hören kann man Heinz Erhardt auf der Doppel CD:

Da gibts gar nichts zu lachen

und auf der Kinder CD

Das Blümchen

Inhalt